Las Diosas de Piedra

Juan F. Benemelis
2015

Título Original: Las diosas de piedra

Diseño y maquetación: Lucía Beltrán Benemelis

Producción editorial:
The Ceiba Institute

Publicado en Castellano
Primera Edición, 2015
Copyright © Juan Felipe Benemelis
Dellas, Texas, USA

NOTA

Es imposible separar con claridad el terreno del mito, del terreno de la filosofía y del logos en la antigüedad. Se puede decir que la filosofía surgió, tanto en Grecia como en la India y Egipto, de un movimiento elitista de "desmitificación", al poner en crisis la tradicional sabiduría mítica.

Los mitos son, una interpretación de la realidad que expone unas reglas, reglas que si son violadas se castigarán. La necesidad rige estas normas, en tanto que el individuo está limitado a la acción del grupo. El poder se entiende como un territorio que no se puede traspasar sin una venganza, y la venganza es así mismo una forma de regular la paz entre tribus diferentes.

El mito, de esta forma, va marcando normas de conductas cuyo desacato puede provocar no sólo una guerra entre tribus, sino un desastre para todo el grupo.

El autor

Índice

PARTE 6 ¿La Civilización?

Y de pronto. La función humana como ciencia. Los sumerios. Del Bronce al Hierro. La cultura neo-lítica. La organización tribal. Las ciudades-Estado. El Código de Hammurabi. La Antigüedad, ¿por qué clásica? La perdida Edad de Oro. Los otros rumbos plausibles. La espiral histórica. Lo indemostrable. La historia pre-determinando al humano. La historia pre-determinando al humano.

PARTE 7 La mente andro-crática

Las metáforas masculinas. El nuevo estereotipo femenino. La educación sacerdotal. Se afirma el patriciado. La tragedia griega. La figura paterna. Las tareas femeninas invisibles. Tensión y conflicto de masculino y femenino. La auto-exclusión femenina. La virilidad y la fortaleza. La mujer objeto. Los códigos de dominación patriarcal. La personalidad falo-narcisista. Los estereotipos sexistas. El reto femenino. La población ancestral. La hembra común.

Introducción

La cultura es la característica que ha hecho posible que las comunidades humanas ocupen cada medio habitable en la Tierra. La cultura es el patrón de conducta y actividad que distinguen a los humanos del resto de los animales. Ningún otro animal tiene una cultura.

El humano moderno utiliza un grupo de herramientas compuestas por implementos hechos a partir de un patrón estándar que se extiende de un lugar a otro. Guarda información acerca de la sociedad, la tecnología y el medio en un lenguaje simbólico que no puede compararse con el "lenguaje" de ningún otro animal. Sólo los humanos crean fonemas estándares para comunicar ideas abstractas. El lenguaje es una especie de tecnología que permite registrar las ideas y las técnicas de supervivencia.

No hay discurso histórico cuya eficacia sea puramente cognoscitiva; todo discurso histórico interviene (se inscribe) en una determinada realidad social donde es más o menos útil para las distintas fuerzas en pugna. Ello no conduce, sin embargo, a medir con el mismo rasero las cualidades teóricas de un discurso histórico (su legitimidad) y su funcionamiento en el debate social: su utilidad ideológico-política no es una magnitud directamente proporcional a su validez teórica[1].

La cultura del hombre primitivo, de cazadores y recolectores, se denomina Paleolítico o cultura de la Vieja Edad de Piedra, ella se desarrolló hace unos 400,000 años y se extendió hasta hace unos

10,000 años. El período de la Nueva Edad de Piedra se sitúa entre los 10,000 y 3,500 atrás.

Es precisamente en este período, hace unos 6000 años, cuando se produjo la llamada revolución agrícola. Dicha revolución, permitió el asentamiento de las comunidades humanas y estimuló la confección de herramientas de piedra para facilitar el trabajo de la tierra. Los primeros pueblos agrícolas de Egipto datan del quinto milenio ane.

Hacia el 6 000 ane, en Jericó, existía una ciudad agrícola. Estas ciudades eran completamente agrícolas y sus habitantes desconocían la alfarería, por tanto, sus posibilidades para conservar y cocinar sus productos eran muy limitadas.

En comparación con las comunidades de cazadores y recolectores, las agrícolas no requerían de todos sus habitantes para la producción de alimentos. Durante las temporadas de siembra y de cosecha, casi todos estaban en los campos, pero la mayor parte del año una buena parte de la población podía dedicarse a otras actividades.

En los pueblos primitivos el pensamiento mítico tiene a menudo un sentido genético. Muchos mitos son etiológicos: intentan trazar el origen de una comunidad, con el objeto de explicar por qué se encuentra en determinado lugar y en tales o cuales circunstancias[2].

Necesitamos encontrar un sentido a la aventura de la especie. Para responder a esa inquietud el pensamiento humano ha intentado varias vías: la religión, la filosofía, el arte; la historia es otra de ellas[3].

Así, algunos se especializaron en la confección de herramientas y la construcción de casas. La revolución agrícola produjo, como consecuencia, una revolución en la tecnología y las artes. La nueva sociedad produjo una amplia variedad de construcciones, implementos y mercancías. Muchos aldeanos se dedicaron a un comercio activo.

El trabajo con metales no comenzó a desarrollarse hasta el año 3,100 ane en el Cáucaso. Hacia el año 2,500 ane comenzó la domesticación del caballo en el Asia Central. La primera mención del hierro se produjo en el año 521 ane en el este de Asia. Su generalización como tecnología común para el trabajo agrícola demoró siglos y, en algunos casos, milenios.

El camino recorrido por el hombre de la Prehistoria en su desarrollo nos es conocido por los monumentos y utensilios que nos ha legado, por los restos de su arte, de su religión y de su concepción de la vida, que han llegado hasta nosotros directamente o transmitidos por la tradición en las leyendas, los mitos y los cuentos, y por las supervivencias de su mentalidad, que nos es dado volver a hallar en nuestros propios usos y costumbres[4].

Las primeras comunidades de hombres son de organización tribal. Están juntos porque tienen más posibilidades de supervivencia pero desconocen este hecho, muchas de las cosas que suceden a su alrededor son " mágicas", y además hasta que no conoce la agricultura su supervivencia depende exclusivamente de lo proporcionado por la naturaleza, con lo que se siente natural.

No hay conciencia histórica. Todo es interpretado como un flujo continuo[5]. La ley del clan permanecerá siempre por encima del individuo.

Estas élites comenzaron a buscar la "esencia", no ya en la historia de los dioses, sino en una situación "primordial", en un "comienzo absoluto" que fuese la matriz del Ser, el principio[3].

La diferencia fundamental entre ambas formas de cosmovisión reside en el cuestionamiento lógico de la realidad. El mito no da razón de sus afirmaciones. El logos, como su mismo nombre lo indica es razón: prueba sus afirmaciones mediante deducciones metódicas más o menos rigurosas.

Lo que ha provocado la creación de todos estos términos es el conocimiento que hemos adquirido de la forma singularísima en que los pueblos primitivos desaparecidos o aún existentes concebían o conciben el mundo y la Naturaleza. Tales pueblos primitivos pueblan el mundo de un infinito número de seres espirituales, benéficos o maléficos, a los cuales atribuyen la causación de todos los fenómenos naturales y por los que creen animados no sólo el reino vegetal y el animal sino también el mineral, en apariencia inerte[6].

El filósofo ya no se conforma con el pensamiento tradicional de su comunidad, aceptado por los demás con una fe incuestionable. Él, a solas, libremente y con la fuerza de su reflexión moral, examina y prueba lo que por sí mismo debe ser sentido como verdadero. Esto es lo que el logos griego aporta al mito: en nuevo camino, más universal, racional y humano para acercarse a la verdad.

El pasado se interpreta a través de ellos y así mismo el futuro, con lo cual se acentúa el sentido del devenir cíclico. El progreso del hombre será interpretado una y otra vez como desafío a la naturaleza y al destino común[7].

En los albores de la historia, los hombres en su miedo e ignorancia, tenían que recurrir a su fantasía, también en formación, a las fábulas, a la imaginación y a supuestos actos mágicos para explicar los fenómenos naturales y sociales.

Así, nacieron los mitos con sus inventos de espíritus y fantasmas, los mitos mágicos relativos a los dioses, a los héroes y a sus hazañas, para invocarlos en cada momento de peligro y para explicarse de manera ingenua y fantástica ese mundo complejo y cambiante, lleno de sucesos y fenómenos incomprensibles.

El mito se presenta como un esfuerzo del hombre primitivo para responder a la preguntas: ¿cómo y por qué se han producido tales o cuáles fenómenos de la naturaleza y de la vida social? Por lo tanto a mitología es la forma fundamental de la concepción del mundo de los pueblos en los peldaños más remotos de su desarrollo. Un modo original de captación de la realidad y de opinión sobre el mundo.

El mito se caracteriza por concebir todas las cosas y fenómenos como copartícipes de todo lo que existe y sucede en la realidad; de donde se deriva la posibilidad de transferir sin obstáculos las cualidades de unas cosas a otras.

Así, la mitología se basa en la personificación de las fuerzas de la naturaleza, en su representación en forma de imágenes sensoriales, de criaturas fantásticas peculiares (hombres-animales, etcétera) En la imaginación primitiva la vida social de la gente se identifica con la "vida" de la naturaleza.

La conciencia mitológica no interpone entre ellas ninguna frontera cualitativa: se atribuyen a los hombres propiedades de las cosas y de los animales y viceversa. La particularidad de la interpretación primitiva del mundo consistía ante todo en una profunda humanización de la naturaleza, en conferir a ésta todos los atributos de la existencia humana, desde la jerarquía social hasta las relaciones sexuales y en consonancia, en la naturalización de la sociedad o materialización del hombre.

En el nacer de la actividad pensante, la forma específica del enfoque pre-teórico de la naturaleza, era el mito, que es un modo especial de entender el mundo, consistente en que la fantasía del pueblo, de un modo inconsciente, reelabora a través de imágenes artísticas la naturaleza y las formas sociales. El mito es la primera expresión, la forma más temprana de toma de conciencia por el hombre, del mundo y de sí mismo.

Los actos de la criatura mitológica no eran sobrenaturales para los hombres de aquella época, sino habituales, "completamente reales" y no suscitaban la menor duda. Las hazañas increíbles de los héroes míticos son concebidas como algo que realmente tuvo lugar y como son transferidas con facilidad las propiedades de unas cosas a otras, ello da rienda suelta a la fantasía, en la que el hombre que piensa mitológicamente realiza cualesquiera transformaciones y hazañas.

La forma más antigua del sacrificio, anterior a la agricultura y al uso del fuego, era, pues, el sacrificio animal, en el que la carne y la sangre eran consumidas en común por el dios y sus adoradores, siendo requisito esencial que cada partícipe recibiese su porción. Tales sacrificios constituían una ceremonia pública y una fiesta celebrada por el clan entero. La religión era, en general, algo común, y el deber religioso, una obligación social[8].

Las imágenes mitológicas creadas a partir de lo visto y oído son imágenes concretas, sensoriales, materializadas en los correspondientes personajes de la narración, que para el sujeto mitológico son tan reales como él mismo (quizá sin más diferencia que las proporciones, la fuerza física y las aptitudes mentales).

En suma aunque la creación mítica, profundamente metafórica, tiene también su lógica, de análisis, clasificación y generalización y posee un juego y contenido intelectual, por su propia naturaleza permanece en el campo de lo concreto, no desborda el marco restrictivo de la sensibilidad, no se puede decir que fuera solamente un vacuo despliegue de la "exaltada fantasía" del hombre primitivo dominado por los fenómenos de la realidad.

En efecto la historia del devenir del homo sapiens, convertido después en *homo creator*, no es sólo la historia de su actividad laboral sobre la realidad, encaminada a la producción de bienes materiales, sino también la de su meditación abstracta sobre el Universo, respecto del cielo, de la bóveda celeste, del firmamento, de su continuado y penoso esfuerzo para vincular mentalmente estos "dos mundos".

La doctrina del pecado original es de origen órfico. Quedó conservada en los misterios y pasó de ellos a las escuelas filosóficas de la antigüedad griega. Los hombres eran descendientes de los titanes que mataron y descuartizaron a Dionisos-Zagreos, y el peso de este crimen gravitaba sobre ellos.

En un fragmento de Anaximandro leemos que la unidad del mundo quedó destruida por un crimen primitivo y que todo lo que de él resultó debía soportar perdurablemente el castigo. Si bien el acto de los titanes recuerda, por los detalles de la asociación de la colectividad, el asesinato y el descuartizamiento, el sacrificio totémico descrito por San Nilo -así como otros muchos mitos de la antigüedad, entre ellos el de Orfeo mismo-, nos desorienta, en cambio, la circunstancia de que el dios asesinado por los titanes era una divinidad juvenil[9].

En el mito cristiano, el pecado original de los hombres es indudablemente un pecado contra Dios Padre. Ahora bien: si Cristo redime a los hombres del pecado original sacrificando su propia vida, habremos de deducir que tal pecado era un asesinato. Conforme a la Ley de Talión, profundamente arraigada en el alma humana, el asesinato no puede ser redimido sino con el sacrificio de otra vida.

El holocausto de la propia existencia indica que lo que se redime es una deuda de sangre. Y si este sacrificio de la propia vida procura la reconciliación con Dios Padre, el crimen que se trata de expiar no puede ser sino el asesinato del padre[10].

Desde días inmemoriales rindió el hombre culto a la naturaleza, considerando que cada objeto de ella oculta un "espíritu" invisible que lo gobierna, dando origen al animismo primitivo, (que es una de las fuentes de la religión y del idealismo filosófico). Pero con frecuencia, podríamos decir, se entregaba a las meditaciones cosmológicas.

Pasmaba y entusiasmaba al hombre primitivo la periodicidad inmutable de los fenómenos celestes: la sucesión del día y la noche, la primavera, el verano y el invierno y, no menos el concierto invariable y majestuoso de las estrellas que, más adelante se contrapondría al mundo desordenado, mudable y perecedero de las cosas y los procesos terrenales.

En estas esperanzadas palabras halló expresión no sólo el espíritu del pensamiento heleno en su afán de abarcar con una mirada global "el orden imperecedero de la naturaleza inmortal" en su fastuosa multi-formidad, sino también del sentido profundo del eterno combate entre la razón y el Universo.

Y si pasamos hoja tras hoja la historia intelectual de la humanidad veremos que ésta reflexionaba profundamente en el mecanismo y en el origen del Universo, ya en los albores de su actividad pensante, ya en la época del raciocinio pre-científico, cuando las metáforas míticas y las alegorías religiosas eran los "únicos instrumentos" para el conocimiento del Cosmos.

Jamás dejó en paz al ser humano la ansiedad de estudiar el mundo circundante, cuyos horizontes fue ensanchando conforme avanzaba en su andar histórico. Esa reflexión y ese conocimiento tuvieron en su momento una profunda relación, un nexo intenso entre la mitología y la ciencia, la filosofía.

Parte Primera

Lucy
y las Venus Paleolíticas

El humano carroñero

Han pasado milenios desde que el humano recolector, carroñero y cazador se valía de primitivos utensilios de piedra y hueso, y deambulaba horrorizado y aplastado ante las fuerzas ciegas de la naturaleza que se le presentaban en forma de fenómenos fantásticos, incomprensibles, como los relámpagos, las tormentas, los terremotos, los incendios, las epidemias, etcétera.

La humanidad ha recorrido una larga y compleja trayectoria que va desde las comunidades paleolíticas cavernarias, pasando por las hordas, los clanes, los imperios de la Antigüedad, las guerras religiosas, el renacimiento, las revoluciones burguesas, la revolución industrial hasta llegar a nuestros días de crisis, obstáculos, fracasos y logros, de luchas por derechos civiles, étnicos y sociales cuyas consecuencias abrirán las puertas a las civilizaciones del futuro.

El camino de la intemperie y de las cavernas nos condujo a la era cósmica; el de los instrumentos de piedra a los robots y a la nanotecnología; el de las señales de humo a la comunicación satelital y a las computadoras; el de las hogueras a los hornos de microondas, etc. El recorrido ha sido sangriento y brutal.

Hemos transitado del mito a la ciencia, del conocimiento empírico al teórico, hasta la etapa reciente de la física cuántica, la cibernética, de las calculadoras y computadoras electrónicas, de la biogenética, la proteómica, la biónica, etcétera, que ayudan en múltiples funciones de los modernos procesos de producción y de diversas actividades técnico-científicas.

En paralelo, hemos ido aprendiendo a combinar el mito y la ciencia permitiendo a nuestro pensamiento una amplitud antes no conocida, aún cuando no siempre la aplicamos en provecho de una mejor convivencia para la humanidad e incluso cuando en tantos lares se persista en concebir como irracional la mixtura entre los conocimientos científicos y la sabiduría mítica.

En ese prolongado, complicado y contradictorio proceso, las guerras, la política, las religiones, las ideologías y la razón se han inmortalizado en las magníficas obras de las civilizaciones y las culturas, conociendo, dominando y explotando tantas veces sin límites y en nuestro perjuicio a esa naturaleza que en el pasado asombraba y aplastaba a nuestros antecesores, aún sin recursos cognitivos suficientes para comprenderla e interactuar con esta en beneficio recíproco.

Se avanzó del no saber al saber limitado y elemental, del saber elemental al más amplio y diferenciado, y ello ocurriría por la vía de la religión y del saber científico y filosófico.

En el mundo hay muchos ejemplos de inhumanidad del hombre no sólo hacia otros hombres, sino hacia la mujer, y tal parece que hay un patrón de crueldad más que de bondad, de guerra más que de paz, de destrucción más que de comprensión.

Desde días inmemoriales se rindió culto a la fértil naturaleza. Se le imaginó como una Diosa Madre que albergaba la fertilidad por medio de un "espíritu" invisible. Ese sería el origen de todo un entramado religioso y de un idealismo que se afanaba en escudriñar la periodicidad inmutable de los fenómenos celestes.

Se hacía perentorio comprender la sucesión del Sol y de la Luna, de la primavera y del invierno y del concierto invariable y majestuoso de las estrellas, astros y etapas siempre presentes o de vuelta cíclicamente, contrapuestos al mundo caótico y perecedero de todo lo terrenal, que incluía a la comunidad humana.

Pero estas observaciones y reflexiones iniciales que con sus versiones culturales compartirían el hombre y la mujer en cada punto terrenal, y que estarían profundamente arraigadas en la fertilidad y la procreación, fueron truncadas por los vengativos dioses y divinidades masculinas y de dotes guerreras, cuya expresión literaria inicial queda plasmada en las helénicas *Odisea* e *Ilíada*.

Durante miles de años, todas las tecnologías básicas que sirvieron de base a la civilización fueron desarrolladas en sociedades que no fueron dominantes por los hombres, violentas y jerárquicas. Hubo sociedades antiguas organizadas en forma muy distinta de las nuestras y tenían la Deidad como femenina en el arte, la mitología e incluso en los escritos históricos.

En China, las deidades femeninas Ma Tsu y Kuan Yin todavía son veneradas como diosas benefactoras y compasivas. De manera similar está difundida la veneración de María, madre de Dios, aunque en la teología católica ha sido reducida a un status no divino.

El poder divino femenino

La representación más temprana del poder divino en forma humana debe haber sido femenina más que masculina y esas sociedades tenían una estructura social muy diferente que las sociedades que rendían culto al divino Padre que blandía un trueno o una espada. Eso no significa que las sociedades donde los hombres no dominaran a las mujeres fueran sociedades en que las mujeres dominaran a los hombres.

Así, la forma inicial de concepción del mundo que en nuestro proceso psicológico de maduración como humanos precedió directamente a la filosofía, fue la mitología religiosa: la relación de los humanos con lo sagrado, lo que hemos sistematizado para nuestro entendimiento de occidentales modernos como reflejo fantástico de la realidad en la conciencia, cuando en el pensamiento era la fantasía y con ayuda de la fantasía que toda mitología vencía, sometía y moldeaba a las fuerzas humanas y de la naturaleza.

En leyendas mesopotámicas encontramos referencias recurrentes a una Diosa como la deidad suprema o "Reina del Cielo" –expresión que aparece luego en el *Viejo Testamento*, pero ahora en el contexto de profetas opuestos al resurgimiento de viejas creencias religiosas.

En realidad, las inscripciones mesopotámicas más antiguas tienen muchas referencias a una Diosa. Un rezo sumerio exalta a la gloriosa Reina Nana (uno de los nombres de la diosa) como la "Señora Poderosa, la Creadora". Otra tablilla se refiere a la diosa Namú como "la Madre que dio a luz los cielos y la tierra".

Tanto en leyendas sumerias como babilonias encontramos relatos de cómo mujeres y hombres fueron creados simultáneamente o en parejas por la Diosa –relatos que en una sociedad ya entonces dominada por los hombres parecen referirse a una época cuando las mujeres no eran vistas como inferiores a los hombres.

Esto es en una región considerada como la cuna de la civilización, y se hace referencia a un período anterior cuando la descendencia era matrilineal y las mujeres no eran dominadas por los hombres. Por ejemplo, incluso más tarde como en 2,000 ane, leemos en un documento legal de Elam[1] que una mujer casada, que se rehusó a unir sus bienes con los de su esposo, le pasó toda su propiedad a su hija.

En las tablillas sumerias está escrito que la diosa Nanshé de Lagash era adorada porque[2] "Ella es quien conoce al huérfano, conoce a la viuda, busca justicia para el pobre y alojamiento para el débil".

Es más que probable que las mujeres inventaron las más fundamentales de todas las tecnologías materiales, sin las cuales la civilización no podría haber evolucionado: la domesticación de plantas y animales.

La mujer recolectora, más que el hombre cazador, parece haber jugado un papel crítico en el desarrollo humano. En las economías primariamente hortícolas del desarrollo de las tribus y naciones, el cultivo del suelo está principalmente en manos de las mujeres.

Esta inferencia es apoyada también por muchos mitos religiosos antiguos que atribuyen explícitamente la invención de la agricultura a la Diosa. Por ejemplo, en los textos egipcios la Diosa Isis es la inventora de la agricultura. En las tablillas mesopotámicas la Diosa Ninlil es reverenciada por enseñarle al pueblo a trabajar la tierra.

En Egipto, Europa y el Creciente Fértil la asociación de la feminidad con la justicia, sabiduría e inteligencia se remonta a tiempos muy antiguos. Mäat es la Diosa egipcia de la justicia. Incluso antes de que se impusiera el dominio masculino, la Diosa egipcia Isis y la Diosa griega Demetria eran conocidas como legisladoras y sabias. En Nimrod, las mujeres eran juezas y magistrados en los tribunales. Los celtas rendían culto a Cerridwen como la Diosa de la inteligencia y el conocimiento.

Existe abundante evidencia de que la espiritualidad era asociada con la mujer. Ishtar de Babilonia, sucesora de Inana, era conocida como la Señora de la Visión, Directora de los oráculos, y la profetisa de Kuá. Las tablillas babilonias contienen numerosas referencias a sacerdotisas que daban consejos proféticos en los templos de Ishtar.

De los records egipcios sabemos que la figura de una cobra era el signo jeroglífico para la palabra *Diosa* y que la obra era conocida como el Ojo, *uzait*, símbolo de visión mística y sabiduría. La Diosa cobra conocida como Ua-Zit era la deidad femenina del Bajo Egipto (norte) en tiempos predinásticos. Luego, tanto la Diosa Hathor como Mäat eran conocidas aún como el Ojo. La uraeus, una serpiente curveante, es encontrada frecuentemente en las frentes de la realeza egipcia.

El oráculo de Delfos

El famoso templo oracular de Delfos estaba también en un lugar identificado originariamente con el culto de la Diosa. E incluso en tiempos clásicos griegos, después que se transformó en el culto de

Apolo, el oráculo aún hablaba a través de los labios de una mujer, la sacerdotisa llamada Pithia, que se sentaba en una banqueta de tres patas a las que se enroscaba una serpiente llamada el pitón.

De los escritos de Diodoro Sículo en primer siglo antes de nuestra era, encontramos que incluso en esa época no sólo la justicia sino la sanación era asociada con mujeres.

Cuando viajaba por Egipto, encontró que la diosa Isis, sucesora de Ua-Zit y Hator, era aún reverenciada como la primera en establecer la ley y la justicia, sino también como una gran sanadora.

Es interesante señalar que las serpientes entrelazadas conocidas como el caduceo son todavía el emblema de la profesión médica moderna. Esta tradición viene de la identificación de las serpientes con los sacerdotes del dios griego Asclepios, pero esto viene de una tradición mucho más antigua: la asociación de la serpiente con la Diosa, asociación aplicada a la sanación y a la profecía.

Incluso la invención de la escritura, durante mucho tiempo creída que se remonta a alrededor del 3,200 ane, en Sumeria, parece haber sido mucho más antigua y posiblemente de raíces femeninas.

En las tablillas sumerias, la diosa Nidaba es escrita como la escriba del cielo sumerio así como la inventora de las tablillas de arcilla y del arte de escribir. En la mitología india, a la diosa Sarasvati se le acredita la invención del alfabeto original.

En la vieja Europa las excavaciones han mostrado que los primeros comienzos de la escritura esquematizada se remonta al Neolítico y, a diferencia de la escritura "comercial-administrativa" sumeria diseñada para registrar las acumulaciones materiales, el primer uso de este poderoso instrumento de comunicación humana parece haber sido espiritual: una escritura sagrada asociada con el culto de la Diosa.

La escritura fue un rasgo de la civilización europea antigua en lugares como Vinca, Tisza, Karanovo, Dimini, Cucuteni, Petresti, Lengyel, Butmir, Bukk, y otros. Durante milenios, la mente humana fue remodelada –unas veces sutilmente, otras veces en forma abierta- en un nuevo tipo de mente requerido por el viraje drástico en nuestra evolución cultural. Fue un proceso que entrañó enorme destrucción física.

La *Biblia* habla acerca de un jardín donde la mujer y el hombre vivían en armonía entre ellos y con la naturaleza –antes de que un dios masculino le ordenara a la mujer someterse al hombre. El *Tao-Te-Ching* chino describe un tiempo cuando el yin, o principio femenino, no estaba todavía dominado por el principio masculino o yang, una época cuando se honraba y seguía ante todo la sabiduría de la madre.

Tanto los hebreos bíblicos, como luego los cristianos y los musulmanes, destruyeron templos, demolieron arboledas sagradas y rompieron ídolos paganos. Implicó también la destrucción espiritual masiva, no sólo mediante la quema de libros sino por medio de la quema y persecución de herejes, y quienes no percibieron la realidad en la forma prescrita fueron ejecutados o convertidos.

En la mitología griega, por ejemplo, con su fe en espíritus y dioses masculinos, ocupaba un importante lugar todo lo relacionado con el origen y la esencia del mundo, manipulada esta en función de sostener la subordinación femenina y en lucha contra esta, como una tentativa de explicar racionalmente el mundo desde la perspectiva y la imposición del poder masculino, en una naturaleza identificada con la fuerza, la inteligencia y el coraje; no obstante esta sería herencia que los griegos habrían aceptado y adoptado, pero que ya vendría sosteniéndose y reajustándose en una extensa sucesión de comunidades humanas.

La dependencia sicológica, cultural y sociológica hacia el compensado y compensatorio orden de la naturaleza la resquebrajarían los magnos sistemas religiosos, con el establecimiento de un panteón de dioses y divinidades masculinas guerreras (Él, Zeus, Jehová, Rá), reflejo del mando patrilineal, de la organización patrifocal y de la ordenación social de tipo piramidal. Presentado como secundario el rol de la madre en la concepción, ese doble hecho se coronaba con la expulsión femenina de los sitiales privilegiados dentro de la religión, de la economía, del poder político y de la sociedad en su totalidad, expulsión que con el tiempo adquiriría carácter tan drástico que algunos estudiosos ven como anticipo del sistema esclavista en su más absoluta expresión de vasallaje de humanos por humanos.

La serpiente vil

Durante milenios, los hombres han guerreado y la Espada ha sido un símbolo masculino. Existieron hombres y mujeres en las sociedades prehistóricas donde era supremo el poder de dar y criar. El problema radica en un sistema social donde se idealiza el poder y donde se enseña que la verdadera masculinidad está en la violencia y dominación.

En su libro *1984*, George Orwell[3] vaticinó un período en el que un "Ministerio de la Verdad" re-escribiría todos los libros y readaptaría todas las ideas para que se ajustaran a los requerimientos de los hombres en poder, Pero lo horrorizante es que esto no va a suceder, sino que ya sucedió hace mucho, casi en todas partes en el mundo antiguo.

En el Medio Oriente, primero en Mesopotamia y Canaán y luego en los reinos hebreos de Judea e Israel, la reelaboración de las historias sagradas, junto con el re-escritura de los códigos de ley, fue en mucho el trabajo de los sacerdotes.

Como en la vieja Europa, este proceso comenzó con las primeras invasiones androcráticas y continuó durante milenios, como en Egipto, Sumeria y en todas las tierras del Creciente Fértil, y se transformaron gradualmente en sociedades macho-dominantes y guerreras.

Y como los investigadores bíblicos han documentado extensivamente en la actualidad, este proceso de re-mitificación se estuvo produciendo incluso hacia el 400 a. C., cuando los eruditos nos dicen que los sacerdotes hebreos re-escribieron por última vez la *Biblia* hebrea[4].

La vilificación de la serpiente y la asociación de la mujer con el mal fueron medios de desacreditar a la Diosa. En realidad, el ejemplo más revelador de cómo la *Biblia* sirvió para establecer y mantener una realidad de dominación masculina, jerarquismo y guerra no está en cómo se relaciona con la serpiente. Incluso más revelador y único es cómo los hombres que escribieron la *Biblia* se relacionaron con la propia Diosa.

Para consolidar el poder de las nuevas elites dominantes, las mujeres que encabezaban los clanes matrilíneos tendrían que ser despojadas de sus poderes para la toma de decisiones. Al mismo tiempo, las sacerdotisas tendrían que ser despojadas de su autoridad espiritual. Y la patri-linealidad reemplazaría a la matrilinealidad incluso en los pueblos conquistados, como ocurrió en la vieja Europa, Anatolia, Mesopotamia y Canaán, donde las mujeres eran entonces vistas cada vez más como tecnologías de producción y reproducción controladas por los hombres, y no como miembros independientes y líderes de la comunidad.

Los hombres más brutales y más fuertes fueron los más respetados y retribuidos por su hacer en la conquista y pillaje. La fuerza y la amenaza de fuera determinaron quien controlaba los canales de la distribución económica.

La fuerza no pudo ser usada constantemente para lograr obediencia. Se estableció que los antiguos poderes que dominaban el universo –simbolizados por el Cáliz dador de vida- habían sido reemplazados por deidades nuevas y más poderosas en cuyas manos la Espada era ahora suprema.

En algunos mitos mesorientales la derrota de la Diosa era lograda mediante un relato de cómo la Diosa es sacrificada. En otros ella es sometida y humillada por medio de la violación. Por ejemplo, la primera mención del poderoso dios sumerio Enlil en la mitología del Medio Oriente es asociada con la violación de la diosa Ninlil.

Para un término más preciso que *patriarcado* para describir un sistema social dominado por la fuerza o la amenaza de fuerza por los hombres, propongo usar el término *androcracia*. Para describir la alternativa real a un sistema basado en la jerarquía de la mitad de la humanidad sobre la otra mitad, propongo el término **gilania**. **Gi** procede del griego *gine*, mujer, y **an** se deriva de *andros*, hombre. La letra *l* entre ambos tiene un doble significado: une a las dos mitades de la humanidad.

En griego, se deriva del verbo **liein** o **lio**, que significa solucionar o resolver, o disolver o liberar. En este sentido, la letra *l* significa la solución de nuestros problemas a través de la liberación de ambas mitades de la humanidad.

No es disparatada la asociación entre sistema patriarcal y esclavitud. La expulsión inicial de la mujer sería verdaderamente mezquina, pues siendo sus desempeños irremplazables en múltiples sentidos, a ella se le reservaron desde entonces los espacios inferiores y ordinariamente privados, es decir, los de escasa o con ninguna valoración y reconocimiento y los secundarios en los panteones religiosos. Por supuesto, toda regla tiene excepción podría argüirse, pero también que las excepciones no hacen la norma.

A la tendencia misógina de la cultura clásica es fácil seguirle el trazado en obras como el *Yambo de las mujeres* de Semónides de Amargos[5], la rebelde Antígona de Sófocles, la vengativa Medea de Eurípides, las elegías de Ovidio y las sátiras del poeta Juvenal.

Lo mismo, desde la celda de Boecio y la cámara oscura de Agustín de Hippona pasando por el estudio del filósofo Michel de Montaigne, la torre del escritor Francisco de Quevedo y el cuarto de René Descartes hasta avanzar en la contemporaneidad al retiro del pensador Friedrich Nietzsche, la habitación dela novelista Virginia Woolf o la cabaña de Martín Heidegger. Siglos de misoginia que serían origen y, sin proponérselo, darían paulatina, áspera y destemplada cobija a las más variadas expresiones de reafirmación y empoderamiento de la mujer en el pensamiento y el accionar del hoy conocido como feminismo.

El Dios déspota

El juicio del dios único, trasunto y justificación del déspota político lo mismo que el del hogar familiar, desde la expulsión de la mujer de los espacios de reconocimiento y poder gobernaría los multiformes fenómenos de la naturaleza.

Haciendo parte de un eje tridimensional, se introdujo entonces en uno de sus flancos, con cíclica visualización, un nuevo elemento en la historia de la humanidad: el homo pecador y abochornado de sus acciones históricas; la conciencia de culpabilidad humana ante la profunda alteración a que somete su medio natural pero respecto a la cual no siempre actúa en consecuencia sino que tantas veces puede hacerlo reforzando sus excesos y arbitrariedades, reforzando sus despotismos e iniquidades.

En otro de sus lados, el homo, el que en cualquier geografía y época ha tratado de hacer creer a sus congéneres en la supuesta bondad y utilidad de sus acciones. Y, en la tercera de sus caras, el homo, al que no importa siquiera la que se crea en la desproporción e iniquidad de sus acciones sino la realización de estas, de su voluntad.

Los tres perfiles de cuyo eje pueden transitar en la misma dirección y en un mismo ser, difuminándonos sus contornos; simultanearse en la multiplicidad de sectores dentro de una misma sociedad o dentro del mismo sector, o manifestarse a la par en diferentes sociedades, complejizándonos la enmarañada y punzante madeja de la historia y, a su vez, la exploración y el estudio de esta.

La antropología y Lucy

Entre las metamorfosis acaecidas a partir de la masculinización del control social figura el vuelco de nuestra actitud hacia la muerte, nacida del pánico que implantaron los terribles dioses patriarcales, quizás imposibilitados de ejercer poder de maneras más armónicas, quizás recelosos ante su imposibilidad de alumbrar nuevas criaturas y por entonces todavía incapaces de comprender los fenómenos de la fertilidad y de la creación.

En consecuencia de esos prolongados, complicados y para nosotros no siempre clara ni íntegramente definidos procesos de incubación de la cultura humana, en su variabilidad y multiplicidad, a diferencia de la usualmente esquemática y simplista descripción ofrecida y generalizada por etnólogos y antropólogos, no sería factor fundamental sólo la fabricación de instrumentos la habilidad necesaria para el eventual triunfo homínido (el Australopiteco y el Homo Hábilis eran constructores de herramientas) sino también y acaso lo más importante en ese proceso sería la variabilidad del pensamiento.

Esta capacidad generalizada de obrar a partir de la graduación y grabación del tiempo y el espacio, resultó uno de los factores determinantes en la selección de aquellas ramas y grupos que llevaron hasta la evolución del humano moderno. Los cambios anatómicos y la capacidad cerebral, incluyendo la habilidad para producir mejores instrumentos y la adopción de una dieta omnívora, resaltan como aspectos de este afluente general hacia una superior capacidad conceptual y productiva.

La adoración de los antepasados ampliamente difundida y las lealtades y obligaciones familiares dominan una gran parte de la vida; ambas expresiones humanas se encuentran en los humanos que nos antecedieron y trascienden hasta el presente. Según Richard Dawkins[6], los tabúes relativos a los incestos testifican el alto grado de conciencia de parentesco que posee el ser humano, aun cuando la ventaja genética de un tabú que condene el incesto nada tiene que ver con el altruismo sino con los efectos dañinos de los genes recesivos en la reproducción.

De ahí que la presión para evitar el incesto sea fuerte y ampliamente difundida, aunque violentada en situaciones de falta de humanos disponibles fuera de la familia o a favor del monopolio y la reproducción del patrimonio económico familiar.

Por otra parte, los ejemplos de protección infantil y de cuidado materno y los órganos corporales a ello asociados (glándulas de secreción láctea), ejemplifican el principio de selección por parentesco en la naturaleza. Se ha difundido en los humanos el cuidado materno aunque no constituye un mejor ejemplo de selección por parentesco que el altruismo dispensado entre hermanos/ hermanas.

A Dawkins le parece que el intrigante fenómeno de la menopausia, en tanto término abrupto de la fertilidad reproductiva de la hembra, no debió ocurrir con frecuencia en nuestros antepasados que vivían en la naturaleza, pues pocas mujeres lograban alcanzar dicha edad.

Pero la diferencia entre el abrupto cambio femenino y la gradual desaparición de la fertilidad en el hombre, sugiere que genéticamente el proceso de la menopausia es una adaptación, pues lo lógico es que una mujer continúe reproduciéndose hasta la extenuación progresiva. Lo que se interpone es la relación con sus nietos, aunque el parentesco sea sólo la mitad de cercano.

Se requieren exámenes y análisis que conduzcan a conclusiones más mesuradas, que contengan las razones biológicas sin descartar las sociales.

Excepcionalmente existen mujeres en las que ese proceso sucede muy tempranamente y otras en las cuales es muy tardío, como niñas que comienzan con precocidad su vida fértil.

Por diversas razones, aducen algunos autores, las mujeres se vuelven menos eficientes para criar hijos a medida que envejecen, afectando las expectativas de vida de un hijo una madre vieja.

Criterios según los cuales, cuando una mujer alcanza el ciclo vital en el cual su hijo y su nieto sean de la misma edad, parece que los genes se invierten en el cuidado de nietos con preferencia a invertir en hijos, pues las mayores expectativas de vida de los nietos supera esto y el gen del altruismo hacia los nietos prevalece en el acervo génico.

Una mujer no podría invertirse plenamente en sus nietos si continuara teniendo hijos propios. Por lo tanto, los genes para llegar a ser estéril en cuanto a la reproducción al alcanzar la edad madura se tornan más numerosos desde el momento en que se encuentran en los cuerpos de los nietos, cuya supervivencia se logró con la ayuda del altruismo de las abuelas.

En este análisis consiste la explicación que ofrece Dawkins acerca de la existencia del llamado gen egoísta, intento de explicar genéticamente un proceso que tanto tiene de organización socioeconómica y cultural[8].

Según Dawkins esta es una posible explicación para la evolución de la menopausia en las hembras. Y la razón de por qué la fertilidad de los machos disminuye poco a poco acaso estribaría en que ellos no invierten tanto como las hembras en el cuidado y educación de cada hijo individual, desempeñando en ese sentido un rol más lejano. Desde el momento que puede engendrar hijos en mujeres jóvenes, siempre le convendrá más el invertir en hijos que en nietos[9].

Tal vez ello ocurriría porque la participación de ellos se ha establecido necesitando menos de la presencia física y de la implicación directa, con un rol más simbólico que activo, cuya presencia ha sido más activa en el imaginario familiar que en la cotidianeidad, ligándose más al temor reverencial al padre que al respeto de su ganada autoridad.

Frases comunes como "deja que tu padre lo sepa" o "ya verás lo que sucede cuando venga tu padre" vienen determinadas por la colocación de este sujeto familiar que, como la divinidad, el Dios supremo por los suyos creado, se construyó para ser adorado y temido en la distancia.

Si bien es cierto que, atendiendo a una organización familiar en la que la mujer es la criadora inapelable, compartiendo inter-generacionalmente esa condición-obligación, en la etapa madura la mujer-madre necesita tiempo para ayudar a su hija en el cuidado de sus nietos y muy posiblemente esté a su vez cuidando a su anciana madre, esa no es situación de presencia y perentoriedad inequívoca o *per se*.

Si la biología aportó la menopausia como regulación del tiempo femenino para permitir a la mujer darse a las imposiciones sociales dentro de la estructura familiar, tendríamos entonces que inclinarnos a pensar que la biología dará a la mujer una nueva mutación cuando cambien como colectividad sus condiciones sociales.

De ser así, de manifestarse la menopausia como necesidad reguladora del tiempo femenino para el desempeño familiar, la emancipación de la mujer respecto a ese tipo de quehaceres por medio de nuevas y para ellas beneficiosas condiciones de organización social, podría alargar su ciclo reproductor. Lo mismo podría suponerse que derivaría del alargamiento del ciclo vital y de la calidad de este.

La mujer y el eco-sistema

Pero son estas hipótesis para ser pensadas con detenimiento y en la integralidad de conocimientos de los que hasta el momento actual disponemos sobre la biología de las féminas y la relación de esta con su ecosistema natural social; conocimientos que contemplen los avances de la ciencia y de la tecnología y el rol de estos en la asistencia a la reproducción pues ya son una realidad, pese a ser excepcional, los casos de madres debutantes que superan las seis y siete décadas de vida.

Hasta el presente la racionalidad aplicada por Dawkins suena androcéntrica y reduccionista, percibiendo a la mujer más en la lógica del hombre y de la estructura que este ha impuesto, lógica en la cual el estudioso parece forzar a la biología a hacer su entrada.

Las mujeres que evitan la copulación hasta que el hombre dé prueba de fidelidad a largo plazo dan claras señales de que para ellas la estrategia de la estabilidad y de la felicidad doméstica se sobrepone a la del hombre viril. Esa posición femenina lleva al establecimiento de sociedades humanas con tendencia a la monogamia, no obstante a que existan sociedades humanas sean promiscuas y otras basadas en harenes.

En nuestra sociedad la aplicación en los hijos por parte de ambos progenitores es amplia y no se encuentra tan obviamente desequilibrada, pese al crecimiento de las familias donde sólo hay padre o madre y al mínimo reconocimiento social y legal que han comenzado a lograr las familias fundadas por parejas de progenitores *gays* y de progenitoras lesbianas.

Hasta hoy día, en nuestra civilización las madres, ciertamente, efectúan más trabajo directo en beneficio de los hijos, trabajando casi siempre los padres en sentido indirecto, generalmente con la finalidad de proporcionar los recursos materiales que son invertidos en los hijos.

Pero esa no es disposición natural, que proceda de las diferencias biológicas. Está demostrado que el cuidado y educación directa del padre a sus hijos puede ser tan eficiente como la de la madre, impedido aquel únicamente de proporcionar a su prole la lactancia. Lo que esta realidad sugiere es que la conducta del hombre está determinada por la cultura más que por los genes.

Se considera posible que, aún en términos evolutivos, los hombres tengan más tendencia a la promiscuidad y las mujeres más hacia la monogamia. Respecto a cuál de estas dos tendencias prevalece en sociedades determinadas, depende de las circunstancias culturales, de igual manera que en las diferentes especies animales depende de las circunstancias ecológicas.

No obstante, estas siguen siendo conclusiones pensadas en la lógica esquemática del hombre y, por supuesto, en beneficio de sus hábitos y costumbres, en beneficio de sus métodos de dominación y del ejercicio del poder; así, se justificaría su culturalmente aprendida promiscuidad en perjuicio de la mujer, forzada a la monogamia y justificada esta por religiones como el cristianismo y el Islam. Sin embargo, en propiedad ignoramos si nuestros más remotos parientes funcionaron en la lógica de la llamada fidelidad femenina pero es poco dable creerlo.

La sociedad matriarcal

Levis Henry Morgan[10] en su famosa *Ancient Society* (1877) enriquecerían la hipótesis de Johann Jakob Bachofen[11]. En 1884, Friedrich Engels publica su tratado *El Origen de la Familia, de la Propiedad Privada y del Estado*[12].

El propio Henri Breuil rechazó por largo tiempo la evidencia de los arqueólogos Louis, Mary y Richard Leakey, de que el Australopiteco de Olduvai, de casi 3 millones de años, era ya un constructor de herramientas.

Si al principio fue difícil en extremo que se aceptase al Homo paleolítico como constructor de herramientas, y luego fue también dificultoso que se reconocieran sus restos fósiles, resulta en extremo inextricable la admisión de que además era inteligente al igual que nosotros y poseedor de una cultura apropiada a su tiempo–espacio.

Tales culturas instrumentales de estos primeros humanos, que los arqueólogos han dado en llamar Paleolítico Superior o fines de la Edad de Piedra, evolucionaron sin dudas de una tradición proveniente de moldes homínidos precedentes, sugiriéndose una continuidad tanto de la industria de herramientas como de la cultura que envolvió su realidad vivencial en ese ciclo de tiempo.

En el siglo XIX, la acumulación de un vasto instrumental pétreo del homínido paleolítico, encontrado en niveles descendientes del suelo, llevó a la tesis de un ascenso de la cultura humana a partir del perfeccionamiento de las hachas de piedra.

La evidencia arqueológica basada en las herramientas establece el concepto del humano en evolución porque era un fabricante de herramientas concediéndole la primacía en un planeta envuelto en combates de garras y colmillos.

Supuestamente debido a la combinación de sus manos en mutación, su pulgar, sus ojos frontales, su postura erecta y su cerebro voluminoso.

Fue entonces que el arqueólogo e historiador danés Jens Jacob Asmussen Worsaae formuló el concepto de las tres edades: la de piedra, que correspondería al salvajismo; la de bronce, perteneciente a la barbarie; y la de hierro, patrimonio de la civilización. Es decir, lo que definiría la cultura humana sería la materia prima utilizada en los instrumentos y herramientas; las ideas y mitos, el proceso cognoscitivo, eran irrelevantes[13].

Como un ejemplo del reduccionismo tecnológico aplicado a la trayectoria de la historia universal citamos un pasaje clásico del marxismo, donde la periodización civilizadora comparece como una progresión de los instrumentos de trabajo[14]: "De las herramientas de piedra sin pulimentar se pasa al arco y la flecha y, en relación con esto, de la caza como sistema de vida a la domesticación de animales y a la ganadería primitiva; de las herramientas de piedra se pasa a las herramientas de metal (al hacha de hierro, al arado con reja de hierro, etcétera) y, en consonancia con esto, al cultivo de las plantas y a la agricultura; viene luego el mejoramiento progresivo de las herramientas metálicas para la elaboración de materiales, se pasa a la fragua de fuelle y a la alfarería y, en consonancia con esto, se desarrollan los oficios artesanos, se desglosan estos oficios de la agricultura, se desarrolla la producción independiente de los artesanos y, más tarde, la manufactura; de los instrumentos artesanos de producción se pasa a la máquina, y la producción artesanal y manufacturera se transforma en la industria mecánica, y, por último, se pasa al sistema de máquinas, y aparece la gran industria mecánica moderna."

Así se concibió al humano en una secuencia de progreso, desde el estadío de crudo y primitivo constructor de herramientas de piedra al sofisticado fabricante de instrumentos metálicos; en una lucha por la supervivencia donde triunfaban los más aptos, tanto individuos como clases, razas y naciones.

Los mejores fabricantes de herramientas se manifestaban entonces como los propietarios de la cultura superior, destinados por tanto a vencer y conquistar: es la imagen del europeo como creación especial de Dios, como una especie escogida para colocarse en la cima de la escala viviente.

Este juicio se vio favorecido por el desarrollo económico y expansivo de la Revolución Industrial, con su triunfalismo materialista y tecnológico.

Los argumentos políticos, sociales y filosóficos en los últimos dos siglos comenzaron a girar entonces alrededor de los problemas creados por esta nueva tecno–economía, o "medios de producción", por los temas concernientes a la división y distribución de los productos de las nuevas máquinas e industrias.

Pero la caza de los grandes animales, por sí misma, no era la única función de esta actividad. Por su magnitud, esta ocupación englobaba a toda la comunidad sin diferencia de sexo.

Lo funesto es que persiste esta noción "arqueológica" del humano paleolítico con escasa inteligencia, hospedado en cuevas, substraída sólo de la evidencia palpable de las herramientas homínidas, de sus parajes y osamentas, excluyéndose las composiciones más complejas, como el arte y la religión, de su modo de vida.

No se plantea o reconoce la capacidad cognoscitiva o de notación, ni se menciona la interpretación que hacían del cielo y la naturaleza circundante, de las estaciones, el año, del Sol y de la Luna.

Es un reto al osificado concepto del cavernícola la abundancia de placas con notaciones, signos, símbolos, grabados, pinturas, frescos admirables, mobiliarios, formas geométricas y series secuenciales.

La Mujer del paleolítico

Serían los conceptos del siglo XIX europeo los que en la civilización occidental influenciarían nuestras ideas actuales concernientes a los humanos. Naturalismo, evolucionismo y positivismo sentaron las bases de nuestro pensamiento y explicaron nuestros relacionamientos haciéndolo de manera esquemática y habitualmente discriminadora, continua y monótonamente necesitados de señalar una superioridad y una inferioridad, dejándonos anquilosados en esa racionalidad simplificadora en detrimento de un análisis más abarcador de la rica complejidad y variabilidad de la naturaleza humana, y de la creación de sus instituciones.

De acuerdo con Charles Darwin, el paso que separó a los humanos de otras especies fue la manufactura y uso de instrumentos y su capacidad para el lenguaje; es decir, el proceso cognoscitivo.

Al descubrirse evidencias de instrumentos de piedras provenientes de los humanos "primitivos", el evolucionismo estableció escalones de desarrollo para el humano. La teoría evolucionista, basada en las evidencias arqueológicas y paleontológicas, ganó aliento luego con los discernimientos de la biología y de la química[15].

Los arqueólogos han establecido la periodización homínida en base a las herramientas de trabajo y no como un producto de los resultados del pensamiento. Al toparse con expresiones artísticas en la Edad de Hielo europea, documentando la capacidad humana exhibida en un momento y lugar específico, se concluyó la hipótesis etno-céntrica de que el arte humano y el lenguaje comenzaron simultáneamente en Europa.

Al punto, que las actividades del humano antiguo quedaron clasificadas a partir de los instrumentos de piedra de que se valía, encasillándoles en un estadío derogatorio de otras comunidades humanas y manifestaciones de sus culturas, reducidas etnocentristamente a la categoría de "primitivas".

Desde las tundras siberianas y las estepas rusas hasta la costa atlántica portuguesa, las culturas de la Edad de Hielo legaron amplias evidencias en piedra, hueso de notaciones sobre el tiempo, conocimiento y seguimiento de los fenómenos naturales, ceremoniales variados, además de sus manifestaciones artísticas en los frescos rupestres.

Evidencias que nos lleva a cuestionar la naturaleza evolutiva del conocimiento y de la inteligencia, tanto como la naturaleza estrictamente evolutiva de las culturas y del conjunto de la humanidad.

Cuando se produjeron los colosales cambios climáticos la cultura de la Edad de Hielo colapsó, pero no la capacidad humana, que fraguaría nuevas e ingeniosas adaptaciones.

Los antropólogos euro-centristas de fines del siglo XIX, al estudiar las diferentes culturas humanas propusieron una variedad de modelos en los que acomodar las conocidas como culturas forrajeras "primitivas"; los arqueólogos utilizaron esos prototipos para explicar el pasado en términos del presente y, simultáneamente, el presente en términos del pasado. Pero la cultura de la Edad de Hielo europea no pudo ser explicada a partir de esas comparaciones.

La arqueología infiere que la cultura simplemente se manifestó cuando el cerebro alcanzó suficientes dimensiones, proceso en el cual intervendrían los cambios en la dieta y sus reflejos en las transformaciones acaecidas en el sistema digestivo, la posición bípeda, el incremento de estímulos (visuales, táctiles, gustativos, auditivos) y las consecuencias sociales que ello conllevaría en organización y despliegue de habilidades.

De acuerdo con esa afirmación, a medida que aumentaba el tamaño del cerebro se irían creando y complejizando las técnicas con las cuales los humanos se relacionaban entre sí, con la naturaleza y se apropiaban de esta. Queda algo irresoluto en esa aseveración. La capacidad craneal del *Homo sapiens* no ha variado desde que éste compareció en la historia, y si las funciones cerebrales básicas eran las mismas antes y ahora, entonces el humano de la Edad de Hielo no era esencialmente muy distinto del actual.

No existían diferencias en el funcionamiento del cerebro, ni en sus habilidades, capacidades e inteligencia. La particularidad consiste y se condensa en los hechos, en las ideas y las referencias de nuestro cerebro para su educación, y en los instrumentos con los que en cada momento histórico se ha trabajado.

La distinción se descubre en las culturas y en las habilidades alcanzadas, en las aplicaciones y motivaciones, en los materiales con los cuales se ha trabajado en una época u otra y no en la inteligencia propiamente, en el alcance de su raciocinio y en la estructuración y complejidad de su pensamiento reflexivo, en la agudeza y sutileza alcanzadas por su comprensión, y en su capacidad para adquirir, acumular y aprovechar las experiencias.

Si bien la información que estamos en condiciones de extraer de las muestras anatómicas fósiles es limitada, existen suficientes evidencias para considerar erróneos los juicios tradicionales sobre la evolución humana y la construcción de herramientas.

El origen de la especie humana fue rastreado por los arqueólogos hasta las criaturas constructoras de hachas de piedra en las cuales no reconocieron capacidades humanas, cuando los instrumentos y herramientas representan estrictamente un aspecto de una progresión más amplia del proceso cognoscitivo y cultural.

Sabemos, por ejemplo, que el hombre de Neandertal tenía comportamientos que iban más allá de los instintivos beber y comer, que amasaba bolas, recolectaba fósiles y ocre y ocultaba a algunos de sus muertos; quedan vestigios de cierto "culto" a las osamentas, quizás al oso, y han llegado hasta nuestros días colmillos perforados para llevar como colgantes presumiblemente a modo de trofeo.

El homo Neandertal no sólo logró adaptaciones complicadas a su inhóspito medio ambiente sino que desarrolló complejos ritos y ceremonias, ostentando una cultura con riqueza espiritual.

De tal suerte que, la sola elaboración de instrumentos de piedra no nos lleva de manos a la civilización y las ciencias, pues una herramienta no es un proceso y un hacha de piedra no implica necesariamente una cultura.

Con los instrumentos de piedra concurrían las artes, las historias, las ceremonias, las religiones e incluso el lenguaje en su diversidad, sirviendo todos a un mismo propósito, posibilitando al humano estructurar y organizar cada forma de vida en un tiempo y lugar específicos, en unas condiciones concretas.

Puesto que la existencia de la cultura humana ha probado ser más arcaica que la supuesta fecha bíblica de la creación del mundo y del diluvio considerado universal, y debido a que el grueso de la misma no se ubicaba en Europa, los grabados y pinturas los estudiosos los adjudicaron a los celtas.

La incognita prehistórica

El ábate Henri Breuil[16] instituyó las bases de los estudios prehistóricos en el preludio del siglo XX y, en base a los instrumentos de piedra y marfil, organizó la primera cronología sobre los estilos artísticos de la prehistoria.

La eminencia de los estudios prehistóricos y arqueológicos franceses, Emile Cartailhac[17], a principios del siglo XX y en todos los foros científicos proclamó que las cuevas de Altamira eran una imposibilidad para la humanidad Paleolítica y por consiguientes falsas.

Los clásicos decimonónicos conceptuaron que la construcción de herramientas por un lado y la creación artística de frescos por otro, representaban dos polos opuestos del sentido práctico y agresivo frente al espiritual y religioso; noción según la cual, al ir ascendiendo biológicamente en esta escala evolutiva por medio del uso de los instrumentos, se forjaría finalmente un alma que se expresaría en el arte prehistórico.

En buena noción "civilizadora" del colonizador victoriano, los conglomerados humanos tecnológicamente atrasados (también las naciones) no eran capaces de procurarse logros culturales ni de darse a la abstracción conducente a la conceptualización ni de solazarse en la espiritualidad: eran, sencillamente, salvajes, sin alma ni refinamiento espiritual.

Se debieron al checo Karel Absolon y a los franceses Annette Laming-Emperaire y André Leroi-Gurham, las primeras consideraciones serias sobre el arte paleolítico. A ello siguieron los problemas cognoscitivos de sorprendente complejidad envueltos en el uso de imágenes femeninas durante la Edad de Hielo.

Breuil y Teilhard de Chardin presentaron, a inicios de siglo, la idea de la evolución espiritual humana. De Chardin, descubridor del Sinántropo Pequinés, expuso que conjuntamente con los artefactos y fósiles existían los sentimientos y reflexiones de este humano[18].

Es conveniente recordar que cuando un arqueólogo o un antropólogo realizan su trabajo de clasificación, fechado, comparación y análisis, lo hacen con el resultado limitado y marginal producido en algún momento por una mente humana, a partir del cual no es posible determinar su grado de inteligencia o juzgar su cultura que es lo que equívocamente ha venido sucediendo.

Nada tan complejo como los programas espaciales, la alta tecnología o la civilización contemporánea pudo haberse derivado del humano primitivo e incompleto proyectado por los etnólogos y arqueólogos desde el siglo XIX. Un aspecto decisivo en los humanos se halla ausente de tales estudios, pues en esencia no existe discrepancia entre el humano moderno de hace 40,000 años y nosotros en la actualidad.

A diferencia de estudios como los antropológicos y etnográficos, que han tendido al aislamiento, a la colección, comparación y clasificación de un producto cultural específico de la mente homínida, con lo cual no consiguen explicarnos las civilizaciones humanas, tenemos que considerar a esas antiguas culturas de la Edad de Piedra como resultados de una inteligencia superior, tal cual la nuestra, y de una cultura compleja.

Los hechos culturales pueden comparecer de repente, pero su período de incubación usualmente es subterráneo y toma largo tiempo en concretarse.

La filosofía no brotó repentinamente con los griegos, ni las ciencias aparecieron de pronto con los mesopotámicos, egipcios y chinos, ni la escritura con los sumerios. Asimismo, la civilización humana no brotó súbitamente en el Creciente Fértil, ni la agricultura con el calendario surgió de la nada hace 10,000 años, ni el arte y la decoración nacieron de repente hace 40,000 años, durante la Edad de Hielo.

El arte, la agricultura, las ciencias, el calendario, la escritura, las ciudades, todo lo que fundamentó la civilización humana en su complejidad y variabilidad, en sus múltiples manifestaciones, no emergería de forma súbita sino como procesos complicados y de larguísima data que hoy nos cuesta hasta hacérsenos imposible dilucidar en detalles y en toda su dimensión, pero de los cuales sí es posible que nos detengamos en sus envergaduras, alcances más o menos inmediatos y en sus transcendencias, pues en muchos casos hasta hoy nos dan alcance directo y, prácticamente en todos, tienen en nosotros alcance indirecto

La Diosa Madre

En el arte paleolítico los signos pictográficos fueron símbolos de carácter sexual masculino y femenino, y se trataría, por tanto, de la explicitación de una primera percepción de la dualidad y la síntesis de ambos sexos. Entre -30,000 a 25,000 años se habrán impresos los primeros grabados sobre piedra, para los humanos de hoy, contempladas como toscas representaciones de animales, símbolos femeninos y abstractos en Cellier, Francia.

Lo único que podemos constatar en estas, aparte de un principio general de complementariedad entre símbolos de distinto valor sexual, es que las representaciones recubren un sistema extremadamente complejo y rico, una mitología, un intento explicativo de lo mucho que preocuparía a aquellos antepasados nuestros.

En la prehistoria, en el estadio probablemente anónimo de la paternidad, el ordenamiento matriarcal tendería a excluir una búsqueda erótica estrechamente ligada al triunfo del hombre y de su masculina civilización. No existiendo la necesidad del sexismo, de la misoginia ni de la resistencia femenina a estos, es dable suponer que se habría gozado de cierta armonía entre los sexos que luego se rompería y que nosotros, los humanos modernos, desconocemos como generalidad y abrumadoramente también como individualidad.

De aquella sociedad primigenia los mensajes simbólicos, de inspiración mágica, atraen hoy la atención en su aplicación sobre la figura de mujeres que ejercían poder en la esfera de la fetichería y del orden religioso, y representando también los ritos de fecundidad o, lo que es decir, los rituales de creación natural por excelencia, Esos símbolos son las famosas Venus auriñacienses que tanto han dado de qué hablar.

La potencia genésica se presenta como la primera fuerza digna de la adoración de los hombres: la Venus de Willendorf, la Venus de Lespugue, o la Venus de Laussel, pertenecen a la ginecocracia que dominaba y muy probablemente armonizaba a la humanidad de las cavernas. Los senos, las enormes fuentes de esas mujeres del auriñaciense superior, sus muslos opulentos, demuestran una constante en los gustos primitivos de cualquier país y de cualquier época no del todo extraviado en el tiempo.

De la Alta Garona a la Isla de Malta, de Moravia a la India, de la Dordogne a los Balzi Rossi, sexo, seno, muslos, pliegues del vientre y piernas delgadas, se encuentran con una monotonía que no puede ser sino el fruto del instinto humano y que reflejan la importancia de estos en aquel lejano pensamiento.

En las cuevas de Lascaux[19] está representada la serpiente que al ser ritualizada junto a las plantas parece desempeñar una parte central, en una secuencia de ceremonias y mitos; todo ello junto a símbolos femeninos, asociados con el toro emergiendo de una vulva.

Las ramas con nuevas hojas van asociadas a yeguas preñadas, a vacas y a la primavera, mientras el otoño se discierne con signos masculinos como el caballo y, nuevamente, el toro. Manera en la cual el caballo, como especie animal, se observa asociado en mitos y ceremonias de feminidad y masculinidad, y la sexualidad se acopla con los poderes del crecimiento.

Si el toro se dispuso como símbolo de sexualidad masculina –así percibido hasta la actualidad en no pocas culturas-, su representación asomando desde una vulva, nos estaría denotando el más íntimo proceso de unión entre ambos sexos: el momento de la cópula, resaltaba en su arte, es indicativo del interés e importancia que les concedían.

Parte Segunda

La Cultura del Hielo

Las notaciones

Pese a que estos proveen una semblanza del modo en que las capacidades psíquicas y físicas del humano moderno fueron utilizadas en aquel tiempo, espacio y hábitat, no ofrecen la totalidad del proceso, sino ciertos aspectos del mismo.

De acuerdo a la pobreza y limitaciones de las evidencias disponibles, hay que asumir la existencia de una larga historia de acumulaciones culturales, preparatoria para llegar a la explosión de la Edad de Hielo[1], y de aquella al presente, no existiendo las pruebas de las evidencias imperecederas para comprobar tal aseveración, quedando esta en el plano de la deducción.

Con la desaparición de la Edad de Hielo se disipó esa esplendorosa cultura y con esta se desvanecieron los frescos en las cavernas que de existir tanto nos hubiesen aportado para su conocimiento y posible comprensión.

Todo indica que tan lejos como hace 30,000 años estas comunidades homínidas de la Edad de Hielo europea utilizaban un sistema de notación evolucionado, complejo y sofisticado; una tradición que parece les antecediera en varios milenios. Parece que también fuera utilizada por otros homínidos modernos, como la cultura del Homo de Combe-Capelle en la República Checa y en Rusia, y por otras aglomeraciones de sapiens en Italia y España.

Esta tradición de las notaciones se hallaba tan extendida que la pregunta lógica es de si la misma se había iniciado con el Neandertal, además de presentar interrogantes concernientes a la evolución de la inteligencia y de las habilidades cognoscitivas de la especie humana.

Pero la abundancia de placas con notaciones, signos, símbolos, grabados, pinturas, admirables frescos, mobiliarios, formas geométricas y series secuenciales, es un reto al osificado concepto tenido sobre el cavernícola.

Con todo, persiste la noción "arqueológica" de ese humano paleolítico con escasa inteligencia, la religión y su modo de vida; no tiende se plantearse o reconocerse su capacidad cognoscitiva o de notación, ni se menciona la interpretación que hacían del cielo y de las particularidades de toda la naturaleza circundante, de las estaciones, del año, del Sol y de la Luna.

El primer homínido constructor de herramientas y utensilios maduró al sur del Sáhara hace 2,5 millones de años; durante el primer millón de años su evolución biológica y cultural se procesó con lentitud. Después, hasta hace 700,000 años, una forma arcaica homínida, el Homo Erectus, se dirigió del África hacia el Cercano Oriente, Europa y partes del norte asiático; este, con su lenguaje rudimentario y el uso del fuego, experimentó el desenvolvimiento de una cultura cazadora y recolectora un poco más complejizada.

La aparición del Neandertal hace más de 100,000 años resulta sorpresiva, como lo es también su desvanecimiento hace 35,000 años. Igualmente sorpresiva es tanto la presencia del Cromañón como luego la desaparición de su hábitat: la cultura cazadora. Pese a las mal fundadas y caprichosas tesis mencionadas, permanece como un misterio de qué manera sucedió el poblamiento del continente americano, e igualmente inexplicable continúa la manifestación del sedentarismo agrícola en el planeta.

La función de la prehistoria consistiría en conformar la filogénesis del Homo Sapiens con su variado instrumental de madera y lítico, asentar la jerarquización social, ampliar el heredado lenguaje rudimentario y crear una obsesiva espiritualidad y una mitología basada en la simbología de la naturaleza circundante.

El Homo Sapiens logró con mayor rapidez que las otras ramas homínidas el perfeccionamiento de la posición erecta y del lenguaje, la rápida transmisión de la experiencia adquirida, la consecuente creatividad y un pensamiento abstracto.

Quizás fue el factor velocidad de desarrollo filogenético y la mayor cohesión social del Cromañón, más que las cualidades físicas y cerebrales del Neandertal, lo que terminó determinando su supremacía. Al parecer, la evolución de un *homo* moderno a partir del Neandertal, hubiera tomado más tiempo. El período importante de la colonización primaria del globo terráqueo por *el Sapiens sapiens* coincidió con la larga jornada de la Edad de Hielo, cuando los crudos inviernos resultaban más fríos que los actuales.

Nos inquieta aún desconocer cómo el humano moderno permutó de los parajes fríos y logró adaptarse al entonces recién inaugurado calentamiento global del planeta. Sin dudas demostró una admirable capacidad en ese acomodo a las nuevas exigencias geo-climáticas, pero desconocemos cuál sería su costo, por ejemplo, en vidas.

El *homo* era la única especie prehistórica que estaba consciente de su fugacidad, y por ello luchó y trató de trascender a la muerte creando la mitología de las fuerzas naturales y las ceremonias funerarias, los amuletos, y la terapéutica medicina espiritual, que precederían a las religiones. Proceso cognitivo y espiritual en el cual la madre y su transmutación en diosa-madre le aportarían cobija, consuelo y esperanza. El útero y la vagina, primer espacio de vida, y la vulva, su más visible símbolo, serían comprensiblemente sacralizados y así plasmados en su arte.

La Cultura Paleolítica

El arte del Paleolítico Superior desarrollado por el Cromañón produjo las primeras manifestaciones presumiblemente alrededor de 40,000 años atrás, extendiéndose sobre un área enorme de Europa y Eurasia hasta Siberia, con mayores concentraciones en España, el sur de Francia y la Europa central y oriental, pero esa conclusión resulta de haber sido esos los sitios arqueológicos más explorados y estudiados.

Las evidencias arrojan que el arte floreció en Australia y África del Sur al mismo tiempo que en Europa. Se han localizado más de 10,000 objetos esculpidos y grabados en cientos de puntos de Europa, el sur de África, el norte de Asia y en Australia.

Pinturas halladas en Australia, de manos humanas, cocodrilos y canguros, se encumbran con 50,000 años, y los grabados en roca de Bimbowrie-Hill exceden los 40,000 años.

En Rusia, los relieves en fósiles marinos de Kostenki tienen 36,000 años, el pendiente de marfil de Sungir se remonta a 28,000 años y la figurina femenina de marfil de Avdeevo a 25,000 años.

La Venus de Willendorf en Austria se esculpió hace 30,000 años y el pendiente serpentino de Grimaldi, Italia, 23,000 años atrás. En el sur de África, se han encontrado grabados en hueso de 40,000 años y las pinturas en paredes de la cueva Apolo, en Namibia, probablemente se han conservado por 27,000 años.

En esta cultura del hueso y el marfil se mezclan las pinturas, los grabados y las esculturas; los estilos transcurren del realismo a la abstracción; los materiales incluyen piedra, hueso, astas, marfil, madera, pigmentos, dientes, uñas, conchas y barro; las representaciones incumben a los animales, las plantas, las formas geométricas, la naturaleza circundante y los humanos.

El método pictórico utilizada por el Cromañón envolvía esencialmente la técnica del soplado con la boca del pigmento ensalivado, o quizás utilizara una cánula, aunque se conoce que hicieron uso de pinceles. Una interrogante a realizarnos sería por qué tienen preponderancia en este arte rupestre las imágenes animales por encima de las humanas.

Al igual que los neandertaleses, el Cromañón gustaba de la vasta ornamentación personal, demostrando que su universo era un mundo colorido y en movimiento. Atendiendo a las muestras arqueológicas halladas y que contribuyen a explicarnos sus creencias, se ha deducido que, en su animismo, el Cromañón se consideraba a sí mismo como una encarnación de los animales.

Al lado de la ornamentación de figuras de animales en armas y utensilios, yacen enigmas como los bastones perforados, decoraciones geométricas en profusión al lado de las realistas, figuras antropomorfas. El tipo de arte más antiguo es la ornamentación y decoración personal como pendientes, collares, brazaletes, pinturas y tatuajes. En la localidad de Sungir, Vladimir, se hallaron los restos de un hombre de sesenta años, un niño de doce años y una niña de diez años ornamentados con decoraciones.

Todo ello enfatizaba la distinción por sexo, edad y grupo social[2], lo que implicaba un conocimiento que no se sabe hasta qué grado alcanzaría pero sí queda claro que distinguían las diferencias en torno a las cuales hoy analizamos las identidades.

Lo más impresionante del Cromañón era su inclinación a plasmar su arte plástico en lugares permanentes, como las paredes de grutas. Más de doscientas cuevas Paleolíticas con frescos de pinturas, grabados, decoraciones en bajorrelieves y esculturas han sido halladas. Del 22,000 ane, datan las primeras evidencias de pinturas en cavernas, algunas con estampas de animales, otras reflejando figuras mitad humana mitad animales o símbolos abstractos.

Lascaux y Altamira

Pueden establecerse dos períodos del arte paleolítico. El más sencillo, de figuras sin contornos, de rigidez esquemática, el llamado "perfil absoluto" en perspectiva torcida del realismo intelectual del período Auriño-Perigordense y el ciclo siguiente, donde cobra mayor fuerza expresiva el realismo natural, con representaciones más elaboradas de los animales, especialmente los toros, en las cuales destacan los detalles y las individualidades del período Solutro-Magdaleniense y de la cultura Magdaleniense, bautizada así por los hallazgos encontrados en las cuevas de La Madeleine, en las márgenes del río Vézère, que floreció en la Europa central y occidental entre al 18,000 y el 10,000 ane

Poco interés interpretativo se ha concedido a la explosión de creatividad franco-cantábrica, con sus imágenes de animales, mujeres, decoración personal, notaciones calendáricas, el arte dejado en las cuevas y la biblioteca de símbolos y motivos; a los frescos rupestres paleolíticos, como los de Lascaux, Altamira, La Mouthe, Le Tue d'Audoubert, Rouffignac, la gruta de Gabillou y Ribadesella.

Tampoco se ha concentrado la atención explicativa en las cavernas de Mas d'Azil, donde se hallan las impresiones de manos humanas paleolíticas; en la gruta de Paglicci, en Apulia y la de Niaux en los Pirineos; en las cuevas magdaleniense de Pekarna (Moravia), las de La Vache con sus bisontes, el sitio de La Colombière y el de Les Hoteaux, ambos en las riberas del Ain, en Les Trois Frères y en La Vache[3]. La capacidad analítica de los especialistas ha dedicado escaso interés a los batones de Roc de Courbet[4], a las piedras grabadas de Limeuil y las de Le Morin[5], hacia finales del Magdaleniense; a Labastide, en los Haute-Pyrenées; a La Marche, al norte de Les Eyzies.

Las cuevas de Chauvet, cerca de Aviñón, del 20,000 ane, una verdadera catedral paleolítica, fascinan por su estética y economía de líneas, por la combinación de escultura y gráfica, de imágenes funcionales. Mientras Lascaux está repleta de animales pacíficos, incluyendo ganado salvaje como el bisón y los caballos, en Chauvet pululan animales temibles como el oso cavernario, la pantera y los rinocerontes lanudos.

La consistencia de la iconografía parece obedecer a ciertas reglas de ubicación e incluso del estilo en el dibujo de los animales, evidenciando un tratamiento sacro. En Australia existen más de diez mil sitios rocosos en Arnhem-Land, cada uno de ellos conteniendo cientos de pinturas a la espera de audaces interpretaciones.

Los animales representados en el arte del Paleolítico son un número limitado de ciertas especies más bien de gran tamaño, y pareciera que fijan las estaciones en que las manadas aparecen.

De acuerdo con el etnólogo y arqueólogo André Leroi-Gourhan[6], el caballo y el bisonte fueron los animales centrales en el arte Paleolítico, y se les asoció a signos y símbolos, implicando toda una mitología; igualmente las plantas resultaron un signo o símbolo crucial en ese periodo; otras imágenes son de secuencias de marcas y puntos semejando notaciones; escenas de magias y danzas que sugieren ritos y el recuento de historias, y la constante presencia de figuras femeninas, unas veces completas y otras en estilo abstracto.

Cada proceso identificado y empleado en la cultura humana se transfiguraba en una anécdota que incluía peculiaridades y formas como espíritus, entes, elementos naturales, animales, objetos.

El espectro y la extensión de estas imágenes femeninas y las diversas formas de su presentación y uso rehúsan cualquier interpretación simple.

Las Venus del paleolítico

Por otro lado las pinturas rupestres auriñacienses de la cueva de Pech-Merlet[7] y las de Fontalès[8], de dibujos femeninos con nalgas pronunciadas, se asocian con las estaciones de migraciones animales, los hábitos de especies específicas de animales y con disposiciones de marcas agrupadas en siete.

Las placas de hueso de Abri-Mège, con representaciones de criaturas y de plantas relacionadas a notaciones estacionales, en las cuales los peces se presentan como imágenes de la primavera y del verano, junto a divinidades femeninas esquematizadas, revelan que son una figuración de temporadas relacionadas con el renacimiento de la vida.

Durante más de 20,000 años y en toda Europa prehistórica, como puede observarse en todo el esplendoroso arte Paleolítico, se estuvo venerando una diosa femenina que simbolizaba los poderes del universo, de la vida, de la muerte y del renacer; un mito central en nuestra herencia psíquica del cual, aunque disminuido en la preeminencia originaria reconocida a la mujer, hacen gala con sus variantes prácticamente todas las religiones.

Desde los primeros niveles del Auriñaciense hasta finales del Magdaleniense y en toda Eurasia, se ha encontrado una multitud de imágenes de mujeres junto a los instrumentos óseos, los grabados, las placas con notaciones y las pinturas rupestres. Lo que tiene estupefacto a los investigadores es que estas figuras fueron el producto de razas y de culturas disímiles.

Los objetos figurativos de diosas neolíticas se remontan al 24,000 ane, localizados en las cadenas montañosas del Altái, y sus mayores concentraciones, ubicadas precisamente en la faja de Siberia que corre de los montes Altái al lago Baikal[9], denotando que estas concentraciones humanas estaban relacionadas en un balance intersexual.

Las Venus paleolíticas, el vientre de la Virgen-Madre, la matriz universal, se representaban en cada piedra, en el lecho de cada arroyuelo, en las montañas y en los bosques, en toda la Naturaleza, en el ave que vuela, en el pez que se desliza, entre las fieras terribles, en las estrellas lejanas.

Estas figurinas paleolíticas surgieron en comunidades cazadoras-forrajeras que moraban en climas muy fríos, al borde de las placas de hielo, entre las cuales la caza tenía un gran peso en la alimentación. Las figurinas del Neolítico, concebidas y plasmadas miles de años después, provienen de sociedades agrícolas, donde la mujer ostentaba un papel económico preponderante.

En estas eran las jefaturas de los clanes matrilíneos, donde la organización social se establecía a partir de la línea materna y se privilegiaba la relación del hijo o hija con el hermano de madre, las que distribuían la tierra en usufructo entre los miembros de la comunidad.

En esa sociedad matrística, donde la espiritualidad femenina no estaba contenida, se veneraba un cúmulo de divinidades femeninas, al tiempo que las divinidades masculinas tenían funciones secundarias.

En Eurasia y el Medio Oriente se han recuperado cientos de figurinas de estas diosas. Las mismas son el reflejo de estilos diversos, motivos lineales u ondulados; exhiben una desmesurada fisonomía de la obesidad, el triángulo púbico, la preñez y los senos lactantes, o estos aparecen agudamente nubilizados.

Las encontradas han sido diosas acompañadas de animales, en particular de la serpiente. Una vieja asociación que terminaría cristalizando como mito asocia a la mujer con la serpiente, teniéndose a esta "como incubadora del huevo que originó el universo[10], aunque para el cristianismo la serpiente resumiría un símbolo de malignidad y de traición.

Habría en esto último que tener en cuenta que el cristianismo es creación ya de época muy posterior, y se consumaría con la impresión de un carácter patriarcal y misógino de sometimiento al sexo femenino y de intolerancia a la aceptación de sus capacidades, actitudes y dones.

Pero esta es etapa muy posterior a la de las originarias y variadas venus, a la de las primigenias diosas-Madres que aunque de manera recreada y a veces en rebeldía hacia estas, el *homo* de estos tiempos ha guardado en su inconsciente y expresado en sus religiones.

Volviendo a los hallazgos arqueológicos, debe anotarse la existencia de otro conglomerado de pendientes con senos opulentos, sin relación con las estampas obesas o preñadas, menstruales o copulativas, como las del sitio de Dolní Vestonice, una serie de ocho figuras de marfil con doble seno, partes de un pendiente, en tamaño ascendente.

Ornamentación ritual

Estas figuras no eran imágenes sexuales en la moderna acepción del término, tampoco eran representaciones copulativas, pornográficas o empleadas por los hombres cazadores con propósitos eróticos, como han insinuado los arqueólogos.

Por el contrario, las guardaban las mujeres para llevar sus notaciones calendáricas, lunares o biológicas, o las conservaban quienes ejercían funciones rituales para que les asistieran en sus historias o ceremoniales.

También aparecen los collares y batones sumamente estilizados, con extremidades abiertas y una vulva pronunciada, semejando adolescentes o mujeres jóvenes; muchos de estos batones, como el de Le-Placard, están marcados por una serie de finos surcos arreglados en secuencia aritmética.

Una pequeña figurilla tallada sensualmente en arcilla es un mensaje de un mundo lejano y olvidado. Debajo de su rostro rígido de suaves curvas y de sus pechos protuberantes, representa una de las más antiguas imágenes de mujer que se conoce, y ha servido como una poderosa –tal vez enigmática- pista sobre la política sexual en la Edad de Hielo.

Juzgando por las reliquias de la vida en la Edad de Hielo: las famosas figuras de Venus, es posible deducir que puede que las mujeres hayan disfrutado de un gran poder.

Se han recobrado más de 100 pequeñas estatuillas, creadas entre 29,000 y 23,000 años atrás, confeccionadas con materiales duraderos como huesos, piedra, cuernos, marfil y arcilla al fuego. Las figurillas comparten una rara combinación de abstracción y realismo. Sus prominentes pechos y la falta de pezón; sus cuerpos frecuentemente muestran un minucioso detalle en el domino en las líneas de sus curvas de la columna vertebral y en sus diminutos rollos de carne debajo de sus hombros de hoja, pero carecen de ojos, bocas y facialmente son inexpresivas.

Esto último pudiera estar relacionado con la ausencia de vida o, tal vez, con su sacralización, su exaltación como divinidad y no como parte de la especie humana, pero estas no son más que hipótesis por validar o rechazar. Lo cierto es que, en muchas culturas amerindias, la ausencia de ombligo denota consecuentemente la ausencia de vida, entendido ese punto de la anatomía humana como el origen de esta; sería preciso explorar en si sucedería algo similar con la ausencia de pezón en la mujer.

A partir de la primera mitad del siglo XIX fue descubierta más de una docena de estatuillas, en cuevas y en sitios al aire libre, desde Francia hasta Rusia. En 1924, excavadores desenterraron la Venus Negra cerca de la villa checa Dolní Vestonice, en una ladera entre carbonizados y quebrados huesos de mamut y herramientas de piedras.

Todas las estatuillas estaban acunadas en capas de tierra con basura de armamentos de piedras y huesos, joyas de marfil y restos de extintos animales de la Edad de Hielo. Todas fueron reconocidas como figuras de Venus, ello en correlación interpretativa con la otra antigua estatua pecho-desnuda: la Venus de Milo.

La primera camada de antropólogos vio en esas imágenes un arte de forma masculina, pues estimaban que era una sociedad de cazadores hombres tallando piedras, marfil y otros resistentes materiales.

Las mujeres, pensaban, carecían de la necesaria fuerza. Se dedujo que los campamentos de la Edad de Hielo que engendraron este arte sería uno de los dominios de hacendosos cazadores, o de mimadas mujeres que consumían sus días desocupadas como esclavas de los harenes tan populares en el arte del siglo XIX. Aplicándose comportamientos sexuales estereotipados que interpretarían libremente el significado de las estatuillas.

Concluyeron que entre 29,000 y 25,000 años atrás bandas nómadas pasaban periódicamente los meses de invierno en Dolní Vestonice; armados con lanzas de corto alcance los hombres parecieron ser especialistas en la caza de colmillos de mamut y en otra gran caza: arrastraban a casa enormes montañas de carne para alimentar a sus dependientes parejas e hijos; en la noche los hombres festejaban con filetes de mamut, alimentaban el fuegos con los huesos de esos animales y avivaban sus fantasías sexuales con diminutas estatuillas de mujer talladas del colmillo de mamut y de arcilla por el fuego. Esto era lo esencial en el mundo del hombre, se determinó.

Razonaron los estudiosos además, que sólo el hombre podía tener tan grande interés amoroso en el cuerpo de la mujer. Sacudidos por la voluptuosidad de las pequeñas piedras, marfil y cuerpos de arcilla, algunos investigadores sugieren que por entonces la humanidad estaba en una Edad de Hielo erótica, en la que regía la intención de ser tocados y acariciados por los fabricantes varones.

Esta idea continúa. En la década de 1980, el conocido paleontólogo Dale Guthrie escribió un artículo comparando las posturas de las figurillas con las provocativas poses de los playboys, correlación que cuando menos expresa un muy ostensible, desarrollado y activado sentido de la fantasía, por medio del cual se confunde la literatura científica con la literatura de ficción.

Ahora se sabe que las mujeres de las sociedades del Ártico y del sub-Ártico en ocasiones trabajaban la piedra y el marfil. Las venus negras, por ejemplo, lejos de eliminar de la vida cotidiana el sexo, parecen haber pertenecido a un mundo distante y secreto de ceremonias y de rituales.

El delicado bastón con senos, trabajado en marfil, encontrado en Dolní Vestonice y calificado por su descubridor[11] como una pornografía de la Edad de Hielo, presenta grupos seriados de notaciones que nada tienen que ver con la decoración, y que se relacionan con la Luna, por lo que puede sugerir el seguimiento del ciclo menstrual femenino, entre otras cosas.

La religión de la Madre

Las figurinas femeninas prehistóricas, desde el alto Paleolítico hasta la Edad de Bronce[12], encontradas desde los Pirineos hasta el río Don, en Rusia, incluyendo las islas mediterráneas, constituyen variantes de un tema único.

Se han interpretado como representaciones de una religión universal basada en la Diosa Madre, la Diosa de la fertilidad, especialmente trascendente para la sobrevivencia de las agrupaciones humanas pequeñas aunque lo serían para todas, pues lo que por tantos años fue el misterio de la reproducción humana, de la concepción, evolución del neonato y del nacimiento, atraería, deslumbrando o temiéndosele, a toda la especie.

Al ser descubiertas estas efigies femeninas, parcial o totalmente desnudas, embarazadas o vírgenes, asociadas a marcas, animales, símbolos o decoraciones, simplistamente se les consideró como "símbolos de fertilidad" del mundo mágico del cazador y de la bestia.

La interpretación tradicional las consideró como las "Venus del Paleolítico", basada en la historia de las diosas como "madres de la tierra, del cielo o de las aguas, de la tribu o de los dioses "; así, poco interés se mostró en su estudio e interpretación.

La escultura femenina fechada con mayor antigüedad, de 30,000 años, fue localizada en La Ferrassie[13]. Del auriñaciense austriaco procede la famosa "Venus" de Willendorf, esculpida en piedra y que en su momento estaba pintada en ocre rojo, cuyo aspecto obeso parece resumir una metáfora maternal. Unas 60 figurinas del Paleolítico se han hallado; mostrando estas una extrema uniformidad en su estilo.

La obesidad de las figurinas femeninas prehistóricas, relacionada con la mujer bien nutrida, sin dudas refleja una condición más deseable que la delgadez, conectada con la temida y trágica desnutrición.

En la cueva alemana de Petersfels se encontró un conjunto de estatuillas femeninas de realizaciones abstractas y esculpidas en carbón, la mayoría de estas menores de una pulgada, determinándose que su uso sería como pendientes; esas imágenes, similares a otras halladas en toda Europa, sugieren su utilidad en rituales relacionados con los embarazos.

Según la arqueóloga americana Olga Soffer los materiales crudos de los cuales están confeccionadas las Venus Negras es la arcilla. En ocasiones estas explotaban o se fracturaban con el fuego, causante de un *shock* térmico. Pamela Vandiver, del Instituto Smithsonian, desecha este criterio y expone que se ha demostrado que la Venus Negra y otras figuras de humanos y animales recuperadas de Dolní Vestonice fueron facturadas con arcilla local resistente.

Vandiver replicó el horno de la pequeña Dolní Vestonice, revelando que el fuego utilizado por quienes crearon a la Venus Negra habría tenido una temperatura de 1,450 grados Fahrenheit, sugiriendo que la fractura por shock térmico no fue un accidente.

Estas figurillas explosivas podrían haberse utilizado en rituales, idea apoyada por la localización de los hornos. Esos artefactos estaban situados a lo lejos de las viviendas, como generalmente son las construcciones rituales.

Aunque la naturaleza de las ceremonias no queda muy clara, pudiera sugerirse la hipótesis de que sirvieran como ritos de adivinatorios para discernir lo que depararía el futuro; preocupación generalmente presente en los humanos de todas las épocas, culturas y estadios civilizadores.

Figuras de venus de otros sitios parecían haber participado en la ceremonia. Varias pequeñas estatuas de la cueva de Grimaldi, talladas en el norte de Italia, entre las más largas de la Edad de Hielo encontradas en Europa occidental, fueron talladas con raros materiales que el artista obtendría con grandes dificultades, unas veces a través del comercio y otras emprendiendo largos viajes.

Estas estatuas habían sido laboriosamente pulidas y frotadas con ocre, pigmento que al parecer tendría un significado ceremonial, sugiriendo que las comunidades que la idearon, crearon, utilizaron y cuidaron podrían haberlas reservado para eventos especiales como ciertos rituales.

Las efigies estilizadas con vulva y marcas en serpentinas transcendieron hasta el Neolítico y otras culturas agrarias posteriores, donde usualmente formaban parte de la mitología lunar de las celebraciones en las diferentes estaciones del ciclo anual.

Esas esculturales figuras fueron apreciadas como diosas asociadas con animales cornudos, con peces, plantas y pájaros, con elementos de la naturaleza coligados en el imaginario colectivo al origen del mundo.

Esta "señora de los animales" del Neolítico, para la cual se glosaban mitos, exhibía las mismas notaciones que las del Paleolítico Superior. Ese culto femenino fue parte del engranaje intelectual que preparó las bases para la cultura agrícola, pasando como efecto a las siguientes fases de la historia humana, al Mesolítico y al Neolítico.

La profusión de figuras femeninas preñadas u obesas, los pendientes de senos y los batones o discos con vulvas como las siluetas de nalgas, todo lo cual era labrado en piedra, marfil y carbón, quedaban pintadas o pulidas, exhibían símbolos y notaciones seriadas, infieren aspectos específicos del tratamiento femenino en el universo del Paleolítico Superior. No eran sencillas diosas de la fertilidad o simples Venus obesas caprichosamente creadas por los humanos.

Esas esculturas encarnaban aspectos importantes de sus culturas y fueron utilizadas con el objetivo de precisar lapsos de tiempo, de regular el espacio y las ceremonias, pues muchas de estas poseen notaciones que suponen el conocimiento del tiempo calendariado o presentan marcas rituales.

Los mensajes simbólicos y de inspiración mágica, llamando la atención en estos la atención la figura de mujeres que ejercían un poder religioso y de fetichería, representando también los ritos de fecundidad, es decir, las famosas venus auriñacienses, existían pero no eran lo único creado por aquellos hombres y mujeres.

Los mensajes mágicos

Junto a ello, el homo del paleolítico superior, especialmente el Magdaleniense, desarrollaría un tipo de arte mobiliario así como otorgaría una distinción de importancia a los sitios que consideraba sagrados, a las tablillas astronómicas, a los rituales shamánicos, a sus festividades, cantos y danzas ceremoniales, los sacrificios humanos y los ritos de la fertilidad animal, teniendo a su vez al arte como una forma de transmisión de información generacional.

La naturaleza de sus ritos aún permanece a oscuras. Pero la mujer tomó parte de estos con un rol central. La pareja de mujeres y supernaturales bestias es muy significativa, estaban conectadas a la capacidad de comunicación con diferentes palabras. Esas asociaciones bien pudieron haber sido pensadas como una entrada hacia dimensiones diferentes; poseyendo las mujeres poderes que rápido superaban a otros en sus comunidades, formando parte de una élite espiritual, como intermediarias entre el mundo real y espiritual.

La imaginería femenina paleolítica representa una diversidad de rasgos y categorías de la feminidad que en el imaginario de la comunidad creadora cada cual tenía su rango y significado, sin por ello significar una realidad dividida entre hombres y mujeres, sino una naturaleza cognoscitiva donde se hallaban balanceadas las relaciones dentro de la familia y los restantes grupos humanos.

Muchos de los sucesos y procesos representados en el arte Paleolítico no pueden ser explicados de forma elemental en términos de características femeninas o masculinas; la vulva y el falo eran signos utilizados en combinaciones comparables, pues las fuerzas mitológicas, los espíritus y los diferentes fenómenos eran asexuales.

El símbolo del embarazo, del falo o de la vulva no eran imágenes biológicas o de evocación erótica, sino meros atributos, tratamientos o relaciones, en relación con diosas, con animales o con la naturaleza. El falo era un emblema del proceso masculino, de la habilidad de maduración viril, de auto-creación y declive, una figuración temporal y no de impregnación.

Desde el período Auriñaciense-Perigordense ya existía una tradición de notación lunar asociada a la mitología de diosas y animales, y esta comprendía complejos ritos y ceremonias.

Así, la diosa con el cuerno de la abundancia de Laussel (Dordogne) se transformó en el posterior Neolítico, de Europa al Asia y las Américas, en una variante de la agricultura, con atributos del creciente lunar, el cuerno del toro, el pescado, el agua, la vulva, el seno desnudo, las plantas, flores, pájaros y serpientes.

Esta diosa fue asociada luego con un consorte que era parte de la mitología calendárica, un cazador de toros, leones y de animales míticos, tras los cuales iba por laberintos, cuevas y por el mismo cielo[14].

Estas imágenes entrañan una forma calendárica, modos de pensar fabulados, o un vínculo entre los ciclos biológicos y los naturales, como las fases lunares y los ciclos menstruales. La preñez y el paritorio no tenían para ellos y ellas que ser "sexuales" en el sentido actual, relacionado con la impregnación y la concepción.

Las figuras preñadas podrían haber ritualizado aspectos mitológicos de la feminidad; asimismo pudieron haber simbolizado el aspecto pubertal, menstrual, copulativo, del embarazo o de la lactancia de la mujer; o quizás se le relacionara con el nacimiento y resurrección de la vida humana y de la naturaleza, como un patrimonio de la fémina.

Muchas de esas figuras eran utilizadas en ceremonias chamanísticas, imágenes de la mujer mítica intemporal y de cualquier parte, por lo cual no está definida su cara, pudiendo bien haber sido la representación de una individualidad ancestral, de la madre de la tierra o de la muerte, tal vez, de los animales cornudos, o una referencia generalizada de mitos de una Diosa Madre clánica.

No debe rechazarse a priori el juicio de que el culto a los animales, generalizado en las culturas Paleolíticas, conllevaba conceptos totémicos, pero eso no implica una forma embrionaria de religión. El culto a los animales no concernía sólo a lo relacionado con la caza, sino también con la resurrección; los sujetos mágicos del arte Paleolítico reflejaron la idea de la fertilidad e, indudablemente, éstos son inseparables al culto de la "madre-femenina".

Pero esos no son indicadores de una sociedad Paleolítica totalmente matriarcal, pues el totemismo no era un fenómeno universal, ni estaba invariablemente relacionado con los animales, dioses o diosas.

De acuerdo con el académico soviético Aleksey Pavlovich Okladnikov[15], en tales sociedades existían nociones de entes sobrehumanos femeninos operando en una esfera definida de fenómenos naturales o actividades, como guardianes de animales, protectora del fuego doméstico, responsable de la bonanza del grupo, soberana de los elementos de la naturaleza, dueña de los bosques a la vez que diosas de la fertilidad. La mujer-madre no era una diosa, un ídolo o madre de un dios, sino algo más concreto y específico: la "madre y ancestra del clan".

El hábitat cavernario

Esta expansión cultural de la comunidad del Paleolítico, ampliando su personalidad sobre una superficie exterior, era un acto sobresaliente de su potencialidad cognoscitiva, de su necesidad intensa de figuración, que tuvo consecuencias culturales fenomenales.

Estas cuevas no eran empleadas como hábitat, sino que sugieren ámbitos de iniciación, de congregación, de veneración ritual, donde se arbitraba el comportamiento y pautaba el destino del grupo; recintos en donde se configuraba el ordenamiento supra-individual.

Quizás sea esa la causa de que los síndromes de aprensión respecto a las cavernas y a todo lo que exista bajo tierra impregnaran las ulteriores narrativas y mitos de la gran civilización humana.

El arte del Paleolítico constituyó uno de los momentos de mayor belleza y elegancia en la expresión creativa de la humanidad. No es un reflejo irracional del medio, sino el corolario de un sentido pleno de fantasía, intuitividad y de conciencia mística.

En el Neolítico predominaba el concepto de la unidad individual con la naturaleza, a diferencia de la civilización patriarcal con sus dioses punitivos y su noción de domeñar y aniquilar el medio natural circundante.

En aquel medio natural neolítico, al cual estábamos totalmente integrados, esta Diosa Madre, parte humana y parte orden natural, cabeza de la Santa Familia, fue encarnada en estilo surrealista de múltiples formas, conteniendo diferentes aspectos como fuente de la vida humana, de los vegetales y de los animales.

La religión neolítica, con sus diosas como otorgadoras de la civilización, era reflejo del cometido que física y espiritualmente desempeñó la mujer en esa sociedad, y no como luego la presentarían las religiones patriarcales, que pretenderían convertirla en un ser inferior intelectualmente y menos desarrollado espiritualmente que el hombre.

Pero en este arte pre-histórico, en ocasiones más abstracto que el invocado modernismo, están ausentes las representaciones de los conquistadores, de los cautivos y se exalta el cultivo de la tierra, donde hombres y mujeres laboraban por igual; ignorándose también las diversas representaciones de formas antropomórficas votivas femeninas, que atestiguan una religión gino-céntrica en los tiempos neolíticos.

Las complejas notaciones y símbolos grabados en el asta de antílope, el Úrgelos, encontrado en Dinamarca, consisten en la prueba más incuestionable de un calendario lunar, que manifiesta la tradición de las notaciones calendáricas procedentes del Paleolítico Superior.

La pregunta sobre si la sociedad prehistórica, matriarcal, la era de las diosas, era una estructuración humana ausente de violencia, para encontrar una respuesta lógica requiere de mayor indagación.

En los sitios del Cromañón, al lado de las famosas figurinas femeninas aparecen copiosas muestras de canibalismo y de posibles rituales de sacrificios humanos; afluye en la mitología sobre las diosas madres la rememoración de una etapa donde era común el sacrificio de animales y de humanos.

No se excluye entre las posibilidades que la guerra y las razias fuesen actividades ya establecidas en el período de las diosas; en el arsenal de instrumentos neolíticos, muchas de las armas no parece que tuvieran como uso la simple caza de animales, algunas, como los largos cuchillos, son más especializadas, sugiriendo la lucha cuerpo a cuerpo entre humanos.

Es posible que la acusación que en la mitología hindú hace la diosa madre Sati contra su esposo, el poderoso dios Shiva, traído por los conquistadores arios, de que había terminado con la antigua tradición de los sacrificios humanos, sea una construcción intencional desacreditadora del período de las diosas, hecha por el nuevo dogma patriarcal.

Sin embargo, deja sin respuesta la carga de ferocidad que traen del Neolítico las diosas-madres hindúes que sobrevivieron al período védico, como Kalí o Durga, o la Tiamat babilónica, la tenebrosa Ishtar de los asirios, o la temible Sekmet egipcia.

Arte mágico y sistema numeral

Una humanidad super–poderosa tal vez no tendría necesidad de artistas. Hace 35,000 años, la imagen es el encuentro de un sentimiento de pánico y un inicio de técnica; es la magia con su proyección visible, el ídolo.

Cuando la capacidad humana llegó a dominar los procedimientos de figuración, contrarrestando la angustia animal ante el cosmos, pasamos del ídolo al arte, término medio de la finitud humana, equilibrio entre la impotencia y la realización, transición de una naturaleza terrorífica a una naturaleza dominada que se resiste al caos primordial.

De no haber existido la transmisión cultural, innata en la capacidad del Homo sapiens, el proceso técnico logrado hubiese quedado en su descubridor. Las culturas creadas por el Cromañón en el Paleolítico Superior eran diversas, a diferencia de las más indiferentes del paleolítico inferior; fue un período de intensa adaptación, cambio y avances en el dominio de la naturaleza.

Este arte se ha interpretado erróneamente de manera funcional y sin espiritualidad, como una representación de la actividad "mágica" de la cacería, una idealización de la crueldad y la violencia, de imaginería guerrera y de escenas de batallas.

En la interpretación del modo de vida del homínido paleolítico están insertas otras evidencias no consideradas por arqueólogos y paleontólogos: el hábitat, el conocimiento de su entorno geográfico, de las estaciones y su influencia en el medio; las alteraciones de la ecología, los cambios climáticos y los patrones de precipitación pluvial, el avance y retroceso de los glaciales, las permutas en la flora y fauna, en los niveles náuticos costeros, las temperaturas oceánicas y la vida marina.

Las culturas del Alto Paleolítico tenían como centro de su periodización del tiempo la distinción entre el Sol y la Luna, el reconocimiento de las fases lunares y del ángulo solar, y refiriéndose a ellas establecieron la fase práctica de su vida biológica, social y cultural.

Si bien ellos proveen una semblanza del modo en que la capacidad del humano moderno fue utilizada en este tiempo, espacio y hábitat, sin embargo no ofrecen la totalidad del proceso sino ciertos aspectos del mismo. Hay que asumir la existencia de una larga historia cultural preparatoria, que no existe en las evidencias imperecederas, para esta explosión de la Edad de Hielo[16].

Hicieron uso extenso de la piedra, del hueso y supuestamente de la madera, la cual no ha llegado a nuestros días; todo lo registrarían en notaciones para fijar un marco de tiempo y espacio que le ayudara a conformar su hábitat y permitir su sobrevivencia; es aquí donde se hallan las auténticas raíces de las ciencias y de la escritura.

Todo ello nos lleva de manos a considerar la existencia de un medio intrincado de comunicación o lenguaje, como una aptitud y habilidad gestadas por el modo de vida y cultura que estructuraban.

El proceso cognoscitivo está implícito en el uso de estructuras, patrones y procesos del tiempo y del espacio, y de las soluciones humanas aplicadas al mismo.

Este Homo sapiens, ubicado en un tiempo y espacio, había hecho una abstracción cognoscitiva de su mundo circundante, conceptualizando a partir de la observación y comparación, simbolizando e imaginando su mundo en un espacio–tiempo, para ponerlo en función no sólo de la supervivencia grupal sino también para tratar de explicarse a sí mismo, recrearse en sus realizaciones y transferir sus conocimientos a las generaciones subsiguientes.

Con la desaparición de los glaciales se disipó esta esplendorosa cultura y se desvanecieron también los frescos en las cavernas. El colapso del entorno y el hábitat no implicó el desplome de la creatividad y capacidad artística humana, que enrumbó por otros senderos.

Y ello es lo que pierde de vista nuestra visión histórica, que descansa en la vieja ciencia decimonónica; que sigue tratando de descifrar nuestro pasado, a partir de colecciones de dientes, manos, pie, cadera, postura, capacidad craneana, gráficos anatómicos, microanálisis de niveles de suelos, instrumentos de piedra.

Lo que falta es el estudio de todo el proceso envuelto en los cambios cognoscitivos y de comportamientos, en las reflexiones detrás de tales evidencias; en las distribuciones y migraciones de los grupos homínidos con sus dispersiones culturales, la evolución de la inteligencia.

Las pistas más viejas de un uso del sistema numeral se remontan al período Mesolítico europeo y del África central. En los bordes de un lago del Congo, 25 mil años atrás, existía una comunidad de pescadores conocida como Ishango[17]. En los instrumentos de hueso desarrollados por estos pescadores, como puntas, arpones, etcétera, existen grabados aritméticos que implican la simbolización abstracta de un tratamiento cognoscitivo.

Es de notar que los arpones de hueso comparecieron en Europa 15 mil años después de Ishango, aunque las notaciones aparecieron en el Viejo Continente 30 mil años atrás, coincidiendo más o menos con los de Ishango.

Tales símbolos aritméticas secuenciales, conectadas con las estrellas y las fases y períodos de la Luna, con los cambios estacionales y los desplazamientos animales y humanos, envuelven una cierta técnica preliminar de análisis del "*factum*" tiempo.

Esta hipótesis considera que las sociedades del Paleolítico disponían de un marco organizativo del tiempo y se desenvolvían a tono con el mismo[18]. Se reflejaba una organización técnica y social, en los ya complejos rituales mágicos, y un equilibrio de las comunidades, que se desarrollaban con la introducción de nuevos tipos de invenciones y el abandono de viejos hábitos y técnicas.

El triunfo de las culturas de la Edad de Hielo europea, entre el 35,000 y el 10,000 a. C., se fundamenta arqueológicamente con artefactos y materiales imperecederos, que tuvieron la suerte de subsistir.

Por supuesto, las mujeres del Paleolítico arrastraron su propio peso. Antes del siglo V ane, ninguna tribu de cazadores en África o en Asia se habían atrevido a hacer sus vidas asesinando elefantes; las grandes bestias fueron sencillamente demasiada amenaza.

¿El cazador y la mujer?

Lo importante de estas culturas obviado por la arqueología, es que dejaron impresas en placas óseas y en piedra, de forma delicada y precisa, un proceso cognoscitivo en complejas secuencias estructuradas con regularidad aritmética, composiciones interpretativas y organizativas de sus actividades y las de su comunidad, observaciones y periodizaciones del tiempo, presumiblemente de las fases lunares, de los cambios climáticos, del inicio de las lluvias, el arribo de los animales en primavera, de eventos de cacería, de jornadas de viaje migratorios, de fechas de rituales y ceremonias.

Con la llegada de la Era del Hierro, en África la situación cambió. Nuevas armas permitieron a los africanos cazar elefantes y comerciar marfil con los griegos y romanos. Una década antes es de interés comprender cómo los grupos prehistóricos masacraron a similares mamuts.

Las famosas camas de huesos de mamuts estaban esparcidas con otras engorrosas partes de su cuerpo, que sensibles cazadores podían haber abandonado. Además, los huesos exhibidos difieren ampliamente en la fecha de su depósito, como si se hubiesen abandonado y sosegado sobre la tierra durante un extenso período de tiempo.

Se pueden percibir con sospechas, como si en el Paleolítico Superior los cazadores acamparan sencillamente cerca de lugares o espacios donde los paquidermos perecían de forma natural –ese sería el caso de los agujeros de agua o sal-, minando con sus huesos la zona.

En el caso de los mamuts excavados en los cuatro sitios del Paleolítico Superior, el sexo y la edad de la proporción demuestran que muchos eran jóvenes, con un número menor eran hembras adultas y difícilmente había algún macho.

Es como si en esos sitios los humanos pasaran más tiempo rebuscando huesos y marfil en cadáveres de mamuts que arriesgando su vida y miembros atacando a paquidermos de 3 toneladas con armas de poco alcance. Si uno de los hombres del Paleolítico Superior matara a un mamut, y si ocasionalmente lo hiciera, reconoce secamente Soffer, ellos probablemente nunca dejarían hablar sobre el acontecimiento en diez años.

Pero, si las familias del Paleolítico Superior no se arropaban frecuentemente con pieles de mamuts, entonces, ¿qué ellos cazaban y cómo? Sin dudas les eran más cercanos los textiles o la labor de cestería, como se demuestra en las relevantes impresiones de la malla en la Edad de Hielo. La malla, midiendo 2 pulgadas de grosor, está muy lejos de ser dedicada para la caza de ciervo u otra grande pieza.

Los cazadores habrían tenido lugares de redes con esta medida para cazar robustas liebres de la Edad de Hielo, cada una portando más o menos seis libras de carne y otras pieles de osos como el zorro ártico o el zorro rojo; tirándose las redes sobre ellos simplemente caen, y es una manera muy segura de cazar.

En muchas sociedades históricas las mujeres eran importantes en la caza con redes, especialmente desde que esta técnica no precisaba de una fuerza bruta y no arriesgaba a las jóvenes al peligro. Afuera, de un lado a otro del valle, hombres, mujeres y niños juntos disparaban y gritaban, tirando afuera y conduciendo al animal hacia la red. Todos, hasta las madres, podrían participar.

Algunos golpeaban, otros gritaban o sostenían la red. Y cuando unos conseguían colocarla sobre el animal, los otros la inmovilizaban. Se podría golpear al animal, apalearlo o emplear algún otro viejo y sencillo método.

Raramente regresarían a casa con las manos vacías. En consecuencia la red tuvo un gran valor entre sus utensilios de adquirir comida, superando a los arcos y las flechas. Tan letales son estas trampas que muchas tribus africanas, como los Mbuti, lograban acumular más carne de la que consumían, comerciando el excedente con sus vecinos.

Otros cazadores de redes ahumaban o secaban sus capturas, almacenándolas para los tiempos de escasez. Es dable que las utilizaran para grandes banquetes ceremoniales.

Los cazadores de Dolní Vestonice y Pavlov, nos dice Soffer, festejaban durante los antiguos rituales. Los arqueólogos no hallaron bajo tierra evidencias de hoyos de almacenamiento de comida en sitio alguno.

Más, existen muchas evidencias de ceremonias; por ejemplo, en Dolní Vestonice varias de las figuras de arcillas que aparecieron destruidas en apartadas áreas del sitio inducen a pensar que esa destrucción pudo haber sido un acto ritual.

Pero no es seguro que los habitantes de Dolní Vestonice fueran los únicos fabricantes de redes en la Era del Hielo en Europa. Hay campamentos que se extienden desde Alemania hacia Rusia, con basureros que contienen una notable abundancia de pequeños huesos de liebres, pájaros, etcétera.

También, algunos de sus habitantes tallaban herramientas de huesos que se veían como punzones y espacios de redes que favorecerían a los históricos fabricantes de redes. Esas evidencias concuerdan con lo planteado por los arqueólogos Soffer y James M. Adovasio, y revelan cuán inestables son las ampliamente aceptadas reconstrucciones de la vida del Paleolítico Superior.

La cacería y la recolección

Esas forzadas interpretaciones de hombres cazando grandes animales todo el tiempo y de pobres mujeres esperando en casa a que ellos les trajeran el tocino, Adovasio las califica de tonterías. Si bien la cacería concedía rango y status al hombre, la recolección, la agricultura, la domesticación de animales, la curandería y la magia hacían lo propio con la mujer.

No obstante, las evidencias localizadas apuntan a que la actividad masculina de la cacería no propició sus correspondientes divinidades, como sí las femeninas; es más, las divinidades de la cacería, en todo el mundo antiguo, fueron divinidades o diosas como Artemisa. La cacería y la recolección eran actividades ampliamente representadas en el arte paleolítico, y por tal, presumiblemente historiadas y transmitidas por esas comunidades, que desarrollaron una aguda práctica de observación y un amplio estudio del comportamiento de los animales y de las plantas.

Tratando de descubrir cuáles genes dictan la agresividad, o cuáles son receptivos a la interacción de los animales y de los humanos con el medio, la socio-biología no concede opciones fuera de dos posibilidades divergentes; acogida a Darwin y a sus repetidores, la socio-biología cae también en el pozo del porfiado sexismo.

El método de selección natural darwinista, del emparejamiento de la hembra con el macho más apto, donde un medio difícil genera comportamientos que enfatizan la diferenciación acorde con el género y con la base genética de preferencia sexual, conduce a una sociedad de dominación agresiva del género masculino sobre el femenino, agenciándose para ello motivos pseudocientíficos.

De acuerdo con la versión tradicional, la mayor cantidad de alimentos, fruto de la caza y de la recolección del grupo, posibilitó que la madre prolongase su tiempo de cuidado de las proles, estructurándose en consecuencia una cohesión grupal más fuerte entre los humanos que en el resto de los animales. La familia se habría construido a medida que el pre-homínido profundizaba en una cultura cazadora-forrajera.

Se considera que por necesidades de supervivencia y de conservación de la especie se produjo la especialización funcional de los machos y de las hembras, es decir, la diferenciación sexual en las actividades del grupo, a consecuencia de la cual la hembra habría ido perdiendo su fuerza corporal al no tener que proveerse los alimentos para ella y su cría.

La conclusión, es que mediante la responsabilidad en proveer alimentos a la hembra y las crías, el macho sapiens propició un impulso al crecimiento demográfico y, visto en perspectiva actual, diríamos que ahí estarían el origen del sexismo y del machismo; o sea, que sexismo y machismo serían resultantes de la salvación y crecimiento de la especie humana, idea a todas luces descabellada pero que pudiera ser utilizada por los exponentes de ambas actitudes al amparo de conclusiones tan ligeras como la de la socio-biología y algunas otras.

Volviendo al periodo de la caza-forrajera, tenemos que habrían variaron por entonces los hábitos sexuales. La copulación sería frontal y, a diferencia de los otros animales, la hembra mantuvo de forma permanente los atractivos sexuales que acompañan al estro: busto lleno, pigmentación aureolar. Terminaría modificándose la receptividad sexual cíclica de la hembra, desarrollándose en forma permanente e independiente de la reproducción.

Muchos han interpretado en estos cambios en la hembra de la especie, un medio para mantener vinculados a la familia y al grupo, para situar y mantener en la defensa del hogar a los "machos proveedores", sugiriéndose con dichas apreciaciones que la mujer más que disfrutar utiliza el sexo como una técnica para la cohesión de su grupo, como un ejercicio de pulso en el que puede ganar y vencer al hombre pues es donde no necesita de fuerza física sino de sagacidad y capacidad de seducción.

Pero esta es una estructuración intelectual en la que abunda el fundamento machista y muy poco la valoración y el criterio científico, aunque debe reconocerse que es idea ampliamente difundida en el funcionamiento de nuestras actuales sociedades humanas.

Aunque creamos lo contrario, no nos diferenciamos tanto de aquellos antecesores. Como nosotros, las criaturas proto-sapiens dependían de la tecnología; sus instrumentos más cruciales probablemente eran de madera, fibra y pieles, palos para cavar, vasijas y otros implementos rudimentarios que ayudasen primordialmente al forrajeo. Ese nuevo modo de vida recolector iría llevando al establecimiento de una organización social cada vez más sedentaria, con implicaciones en la formación de la familia equilibrada, en la prolongación del cuidado y entrenamiento de los niños y jóvenes.

De esa organización se iría formando una consciencia de solidaridad e interdependencia grupal, más fuerte entre los humanos que en ninguna otra especie del reino animal. La combinación de la caza y el forrajeo obligó al homínido a observar las conductas y costumbres de los animales, los comportamientos de la naturaleza, las características de los cambios climáticos, de los vegetales, el proceso de maduración de los frutos.

Para finales del Paleolítico, en el Este africano, la abundancia de plantas y pequeños animales facilitaba la obtención de alimentos. Por ello no fue hasta hace 100,000 años, con el instrumental y técnicas del Neandertal, que la cacería de grandes animales se tornó más o menos permanente para la obtención de carne, pues por entonces la glaciación dificultaba la maduración de los vegetales y se hicieron insuficientes. Debido a la necesidad de subsistencia, parte del grupo –hombres y mujeres por igual- se lanzaría a la caza constante, al tiempo que el resto forrajeaba y recolectaba pequeños animalitos, plantas y semillas.

Parte Tercera

De Diosa Madre a Concubina

La Mujer recolectora

Arqueólogos europeos se han concentrado analizando las quebradas herramientas de piedras y los huesos de grandes animales, las más significativas y abundantes reliquias preservadas de la era del Paleolítico Superior[1].

De los resultados de esos análisis los investigadores han desarrollado varias teorías concernientes a cómo estas sociedades cazaban y recolectaban sus alimentos. Muchos de ellos concluyen excluyendo a las mujeres de la caza por razones biológicas. Las mujeres adultas, opinan, se dedicaban a alimentar y cuidar de sus hijos.

Los hijos de los humanos han sido siempre inmaduros y dependientes, dice Soffer. Deducen estos investigadores que, si las mujeres son las que eternamente han estado complicadas con la reproducción biológica y atrás de los jóvenes, entonces esta actividad se impone en sus comportamientos. Cortantes afirman que ellas tienen que alimentar a sus hijos; para los padres, sin embargo, el suministro parece ser opcional.

El círculo darwinista concibe el logro del intelecto en una dura selección de incesante guerra. Hoy sabemos que las comunidades humanas antiguas eran escasas en número y que gran parte del esfuerzo, tanto del macho como de la hembra, se centraba en la búsqueda de alimentos más que en los conflictos del macho cazador.

No queremos minimizar las cualidades destructivas humanas, pero es lógico pensar que esa severa etapa inicial sólo se superara con una estable cooperación y organización grupal consanguínea o no, de colaboración equitativa entre ambos sexos, en donde la alimentación y el cuidado altruista de los niños ocuparan el lugar central.

Las deducciones reduccionistas de la socio biología son ampliamente utilizadas por otros estudiosos, comprendidos los psicoanalistas, que han hecho de la tesis del hombre-proveedor un *leiv motiv* de absurda y perjudicial repetición.

Se ha puesto en duda que por necesidades de la conservación de la especie y de la supervivencia en una cultura cazadora se produjera la especialización funcional de los machos y la diferenciación sexual en las actividades del grupo.

No es cierta la visión de que la caza determinó la jerarquía dentro del grupo humano y, a la par, la responsabilidad económica por los que quedaban en los campamentos: mujeres, niños, ancianos, impedidos. Pero la caza de los grandes animales, por sí misma, no era la única función de esta actividad.

Después de cazar a los grandes animales, estos grupos humanos forrajeros y cazadores secaban la carne para almacenarla, liberándose del movimiento estacional de los rebaños animales, de las épocas de maduración de frutas y de la recolección de vegetales y raíces. Por su magnitud, la ocupación de cazar, desmembrar, secar y almacenar la carne englobaba a toda la comunidad sin diferencia de sexo y posiblemente tampoco de edades.

La primera sociedad humana no fue sólo de conglomerados cazadores con preeminencia del rol masculino; fue también de forrajeros y en estas el hombre no era el único proveedor de alimentos, como se ha considerado erróneamente, pues la mujer desempeñaba un papel cardinal.

Por ello, tanto los primeros utensilios como las herramientas construidas por los humanos estaban asociados con las actividades económicas y familiares femeninas, y todo parece indicar que fueron manufacturados preferentemente por ellas.

Los instrumentos de piedra comparecieron posteriormente; nada establece que estuviesen asociados con la marginal actividad masculina de la caza o la pesca. La mujer prehistórica participaba activamente en la pesca y, como se ha estudiado en sociedades forrajeras recientes, también construiría instrumentos de pedernal.

La caza de grandes mamíferos, que constituiría una actividad incitante para el grupo, era un acontecimiento ocasional y en esta, junto al hombre, cooperaba en igualdad la mujer. Fijándonos con atención veremos que el status de la mujer regularmente es más alto en las sociedades forrajeras que en las de otro tipo, y el factor clave es que ella proveía al grupo de tanto o más alimentos que el hombre.

Ambos sexos primates contribuyeron por igual en el desarrollo de las características homínidas y en la lucha por la subsistencia. La sola diferenciación residió en que la hembra se hacía cargo del cuidado de la prole, mientras el macho protegía al grupo.

La dieta paleolítica

Con todo, en las labores de la recolección no se había establecido una clara división sexuada del trabajo; esa división comparecería en estadíos muy posteriores de la evolución. En el crudo clima del Paleolítico la carne era un complemento inestable que se conseguía del despojo y escamoteo de animales atrapados por otros depredadores, más que de la caza, actividad en la que sin grandes riesgos participarían las féminas con sus hijos, esposos y el resto del grupo.

Se ha asegurado erróneamente que los primeros instrumentos y utensilios desarrollados por el homínido estuvieron asociados al corte y la preparación de la carne y las pieles que provenían de la caza; es decir, linealmente de acuerdo a la interpretación que correlaciona caza con hombre, esos primeros instrumentos habrían sido invención del sexo masculino como resultante de la actividad económica primordial.

Esa vieja hipótesis del modelo prehistórico de sociedad cazadora que atribuye al hombre la preeminencia en el desarrollo de los instrumentos, no contempla que la carne era una porción muy pequeña de la dieta de los primeros humanos. De manera que, como se ha propuesto recientemente, incluso la postura erecta adquirida por los humanos tiene menos que ver con la caza y más con la actividad forrajera, con el acarreo de alimentos y el cuidado de los hijos[2].

Precisamente, los primeros utensilios no estarían relacionados con la caza, con la matanza, sino que eran producto de la actividad forrajera de plantas, raíces, frutas, semillas, pequeños animales y preparación de los alimentos por parte de la mujer.

Los confeccionó con materiales orgánicos perecederos como la madera, los huesos y las espinas; fabricaron para sus necesidades los palos de cavar, los garrotes para golpear, las lanzas y los utensilios necesarios para procesar las raíces y plantas y los sólidos para sobrevivir. Otros instrumentos eran de pieles, ramas, hojas y vainas, como los sacos y contendores, las vasijas, redes y bolsas, posibilitando a la mujer el transporte del forraje además de los hijos.

Hay que deshacerse de la noción de un Paleolítico donde el hombre[3] se imponía a garrotazos sobre la mujer, pues la primera organización social de la familia no fue la patriarcal sino la del núcleo madre-hijos y según puede interpretarse de los indicios con mayor simetría en su funcionamiento entre los diferentes componentes.

La dominación, la violencia y el autoritarismo masculino emergen a partir de que los dioses y divinidades patriarcales decretaron la marginación y exclusión de las diosas o divinidades-madres y la subordinación de la mujer, hecho que sucedería por una cuestión económica, o sea, a partir del control y distribución de los alimentos por parte del hombre; tuvieron inicio en ese momento los rituales de sacrificios humanos, de mujeres y de niños, como ofrendas a esos dioses y divinidades masculinas que se revelaron como antropófagos.

Por eso la irrestricta noción del macho-cazador sempiternamente hegemónico en lo social y proveedor fundamental de alimentos no es históricamente correcta, aunque ha sido una reflexión de las pre-concepciones antropológicas del siglo XIX y del status de la caza como un pasatiempo de la clase alta masculina europea de tal época victoriana.

La cacería y el forrajeo fueron actividades ampliamente representadas en el arte paleolítico, y por consiguiente presumiblemente historiadas y transmitidas por esas comunidades, a las que como ya se señalara, la necesidad les hizo desarrollar la aguda práctica de la observación y un amplio estudio del comportamiento de los animales y las plantas. Caza y forrajeo, hay que insistir, eran actividades complementarias y ampliamente practicadas por la colectividad, es decir, por hombre y mujeres.

Olga Soffer, James Adovasio y David Hyland[4] proponen que la supervivencia del ser humano en la Edad de Hielo tuvo poca relación con la escena de hombres varoniles lanzando lanzas a grandes animales. Observa Olga Soffer, una de las más reconocidas autoridades a nivel mundial en el estudio sobre cazadores y recolectores en la Edad de Hielo y arqueóloga de la Universidad de Illinois en Champiñón-Urbana, que la supervivencia en ese período dependería principalmente de la actividad de las mujeres, de las plantas y de la técnica de caza previamente invisible en las evidencias arqueológicas, netamente de caza.

Esta no es la imagen que generalmente recibimos del macho del Paleolítico Superior, habitualmente representados como hombres cazando animales a escasa distancia y de forma personal, abunda Soffer. Contrario a lo habitualmente dicho y representado, la caza es una actividad comunal, y en esta se involucraba también el trabajo de mujeres y niños.

La intervención comunitaria en esa faena tendría implicaciones en el relacionamiento entre los sexos y entre los diferentes componentes de la comunidad, estableciendo entre ellos el sentido de interdependencia.

De acuerdo con observaciones realizadas por antropólogos en los pocos restos disponibles de las sociedades de cazadores-recolectores, sobre la posible participación de las mujeres, y según narraciones históricas más minuciosas de grupos de tribus, ¿cuán crítica habría sido siempre la supervivencia en la mitad de la población femenina?

Las mujeres y los niños contaban con sus escenarios de trampas, colocaban trampas de muelles, tenían sus lugares de juegos y participaban en las acciones de rodear y conducir animales –formas de caza que, ya se señaló, no comprometían a las jóvenes madres ni a sus crías.

Ellas enterraban raíces feculentas y recolectaban otras plantas de carbohidratos esenciales para sobrevivir. Incluso, en ocasiones cazaban utilizando lanzas con puntas, que la tradición nos ha impuesto el considerarlas armas masculinas.

Se han hallado referencias que muestran mujeres Inuto portando arcos y flechas, especialmente flechas sin puntas que manipulaban para cazar pájaros, afirma Linda Owen, arqueóloga de la Universidad de Tübingen, en Alemania.

La evidencia del equipamiento de caza en sociedades históricas frecuentemente favorece a las mujeres. En Europa, arqueólogos botánicos analizaron las chimeneas del Paleolítico Superior buscando restos de plantas probablemente recolectadas por mujeres y niños; especialistas líticos han escrutado las herramientas de piedra para detectar nuevas pistas sobre sus usos. Los resultados gradualmente han respaldado una mejor compresión de la sociedad de la Edad de Hielo.

Volviendo sobre las famosas figurillas de Venus, concluyen que nunca fueron un intento de pornografía masculina, en cambio, pueden haber sido parte de una clave en los rituales del Paleolítico Superior que se centraban en la mujer. Y como tal, resuelven, apuntan en dirección a una importancia superior del rol de la mujer en el Paleolítico, más de lo asumido en anteriores investigaciones.

De carnes y plantas

En su casa en las afueras de Munich, la norteamericana Linda Owen[5], especializada en análisis microscópico de herramientas de piedra, halló otras faltas en estas tradicionales imágenes. Notó que muchas de las herramientas hechas por cazadores que vagaban en Europa cerca del final de la era del Paleolítico Superior, parte de 18,000 a 12,000 años, parecían depósitos de piedras, y otras de equipo de recolección y procesamiento de plantas.

¿Estarían las madres con sus hijos recolectando y almacenando plantas salvajes para la alimentación comunitaria?

La mayoría de sus colegas no valoraron proseguir la pista proporcionada por Owen[6]. Muchos arqueólogos alemanes sostenían que el 90% de la dieta humana durante el Paleolítico Superior provenía de la carne. Mas, como Owen comenzó leyendo estudios nutricionales, observó que el consumo de abundante carne podía oler a muerte.

Tomando las células motoras del cuerpo, el ser humano requiere energía de proteínas, grasas y carbohidratos. De estos, la proteína es la menos eficiente. Para quemarla el cuerpo necesita un metabolismo de un ritmo de 10%, el esfuerzo de capacidad del hígado absorbe el oxígeno.

A diferencia de los animales carnívoros, cuyos sistemas digestivos y metabólicos están bien adaptados a la carne, si los humanos consumieran más de la mitad de sus calorías en forma de carne morirían por envenenamiento de proteína.

En los tiempos del Paleolítico Superior, los cazadores indudablemente trataban de redondear sus dietas con grasa de la caza salvaje. Pero en invierno, en primavera y en los inicios del verano, la carne podría haber sido muy pobre en su alimentación. Entonces, ¿cómo sobrevivían los humanos?

Owen se lanzó a investigar a fondo las pistas a través de las narraciones históricas y antropológicas en el sub-ártico y en el ártico de Norteamérica. Estos ambientes son similares a los de la Edad de Hielo en Europa y representan iguales desafíos para sus habitantes. Incluso en el lejano Norte, las sociedades Inuit cosechan bayas para el invierno, almacenando y reuniendo otras plantas como medicinas y fibras.

Para ver si cualquiera de la flora que creció en el Paleolítico Superior en Europa podría ser consumida para similares usos,

Owen redactó una lista de las plantas económicamente importantes para las personas que vivían en climas fríos en las regiones de Norteamérica y de Europa, comparándola con la lista de especies que los botánicos habían identificado en el polen atrapado en los centrales sedimentos de la Edad de Hielo, en el sur de Alemania.

Cerca de 70 plantas fueron encontradas en las dos listas; y con sólo una lista de las plantas, descubrió que estaban disponibles en ese tiempo. Entre otras, figuraba un número de juncos que eran usados por los esquimales y la población del sub-ártico de Norteamérica para hacer cestas. Allí existían abundantes plantas con tallos comestibles, levaduras y otras que empleaban como drogas y para el teñido.

Los encargados de la recolección de plantas en las sociedades prehistóricas eran indudablemente mujeres. Los hombres en expediciones de caza podían reunir bayas y plantas para sus propias comidas, sin que eso significara que participaban en las expediciones de recolección de plantas. Era posible que fueran solos, pero serían cazadores o pescadores.

¿Estaban las mujeres del Paleolítico recolectando plantas?

La literatura arqueológica es todo silencio sobre el tema. Pocos arqueólogos botánicos se habían preocupado por las semillas de las plantas en los campamentos del Paleolítico Superior. Muchos estaban convencidos que serían esfuerzos inútiles en sitios tan antiguos.

En la Universidad de Londres, la joven arqueóloga botánica Sarah Mason también había analizado una pequeña muestra de restos de carbón vegetal con 26,390 años de antigüedad, extraídas de las chimeneas de Dolní Vestonice.

La muestra contenía más que carbono vegetal; el microscopio de electrón halló fragmentos de una carnosa planta de raíz con características de cavidades secretas, marca de la margarita y de la familia de margaritas, las cuales presumen varias especies de raíces comestibles. No había duda de que las mujeres en Dolní Vestonice habían cavado y cocinado las raíces, como condimentos de sus comidas. Ellas probablemente cocinaran a fuego lento otras plantas para comer.

Mason y sus colegas detectaron una extraña sustancia pulverizada en la muestra de carbón. Se veía como si las mujeres hubieran colado plantas del suelo dentro de la harina, para luego hervir el resultado y hacer gachas o machacar el material vegetal en las gachas para sus hijos. En cualquiera de los casos, los resultados hablaban: eran carbohidratos vegetales.

Finalmente los científicos de la Universidad de Tübingen se determinaron a desenterrar y analizar restos botánicos de las chimeneas paleolíticas. De esa manera se han descubierto más plantas, incluyendo bayas, todas claramente preservadas después de miles de años.

A la luz de esos hallazgos, Owen sugiere que eran las mujeres y no los hombres quienes llevaban a casa la mayoría de las calorías para las familias del Paleolítico Superior.

Ella estima que en la Edad de Hielo las mujeres coleccionaban plantas, huevos de aves, mariscos e insectos comestibles, y si cazaban pequeñas piezas y participaban en la caza de las más grandes –como lo hacían las mujeres del Norte en los tiempos prehistóricos- lo más probable es que contribuían con 70% del consumo de calorías.

Aunque es improbable que podamos conocer con certeza la completa gama de sus actividades, es razón para creer que en la Edad de Hielo las mujeres desempeñaban un rol poderoso de anfitrionas, desde la recolección de plantas, tejedoras, de cazadores y líderes espirituales.

Pese a que las investigaciones deberían conducirnos a la transformación de nuestras imágenes sobre la vida en ese pasado, la permanencia en la reproducción de ideas derivadas de análisis anteriores sugiere un empecinamiento en la asimétrica distribución de los roles por sexos y grupos en las comunidades ancestrales, muy probablemente como justificación a la reproducción del sexismo y del machismo con el cual tan ampliamente funcionan nuestras sociedades modernas, justificados entonces como males heredados de un desigual pasado remoto.

El animismo numeral

Mediante sistemas de notación las mujeres registraron las actividades de la comunidad o las que influían en ellas, para organizar su modo de vida y hábitat. Difícilmente escaparían a su percepción las funciones naturales especializadas de ellas mismas, como la maduración sexual, la menstruación, la copulación, la preñez de diez meses lunares, el parto y la lactancia.

Así que, el mismo método de notación empleado para precisar los períodos de tiempo de otras actividades, se utilizaría en relación con lo estrictamente relativo a la mujer, la iniciación sexual de varones y hembras, el uso de amuletos y símbolos para obtener un embarazo afortunado y un descendiente saludable, etcétera.

Como antes se apuntara, se reflejaba una organización técnica y social en los ya complejos rituales mágicos y un equilibrio de las comunidades del Paleolítico, que se desarrollaban con la introducción de nuevas invenciones y con el abandono de hábitos y técnicas que se les tornarían obsoletos.

Las creencias animistas del homo antiguo se han considerado una encarnación de los animales; estas concepciones simplistas de la magia paleolítica que introdujeron Henry Breuil y Leroi-Gourham[7] se contradicen con la complejidad y expresividad de las imágenes que representan toda la mitología mental del Cromañón, que concibiera y plasmara una amplia gama de instrumentos musicales de viento y percusión, multiplicando a su vez los ritos funerarios, demostrando su mayor respeto hacia el fenómeno todavía para ese humano inexplicable de la muerte y expresando, en suma, una concepción más refinada y espiritualista del mundo conocido.

El antecedente de ese espiritualismo y de sus ritos funerarios puede rastrearse en el neandertalés.

Bachofen y el matriarcado

En el sistema de organización matrilineal o matriarcado prevalecería la figura femenina de la humanidad: todos los humanos son hermanos en tanto hijos de la Madre común, sagrada, divina y telúrica a un tiempo. Este mito original y la conclusión igualmente mítica de la historia encierran un ciclo evolutivo continuo, progresivo que es, a fin de cuentas, obra del hombre y de su patriarcalismo, enfrascado en análisis que justificaran su ejercicio lo más absoluto posible del poder.

Así, su autoritarismo sucedería a otro orden similar pero en manos de la mujer, con lo cual se legitimaría el dominio de él, quizá, como respuesta o sucesión natural de aquel que le antecediera. Pero esa es explicación que no deja espacio para el equilibrio antes alcanzado por los humanos, que tampoco es como para idealizarle pero sí para nunca obviarlo.

Sí hay que tener presente que, en rigor histórico según las evidencias disponibles, lo que existió no fue un sistema matriarcal sino de ordenamiento matrifocal, lo cual hace la diferencia, pues en este no habría predominio sino equilibrio en las funciones y relacionamientos entre los sexos.

Paradójicamente, es esta manera de percibir lo que suele dejarse fuera de los análisis, insistiéndose en la remota existencia de una sucesión de matriarcado y patriarcado cuando aquel no da muestras de haber existido.

Sin duda, fue Bachofen quien más ha ahondado en la tipología cultural de lo femenino y lo masculino, haciéndolo con una disposición binaria típica de la dialéctica romántica. Él fijaría el origen de la sociedad en una escena mítica: la unión de una mujer inmortal con un varón mortal, y su mirada ha mantenido vigencia analítica muchas veces acrítica.

La hipótesis del matriarcado ha sido tratada por los filósofos desde Platón a Thomas Hobbes, y por Bachofen en la segunda mitad del siglo XIX. Los románticos revivieron los prestigios del matriarcado como fundacional de nuestra cultura. Entre 1810 y 1812, Friedrich Creuzer dio a conocer su obra *Simbólica y mitología de los pueblos antiguos*[8].

Como todo romántico, se preocupaba por el origen del lenguaje, que halló en el símbolo, imágenes donde lo físico y lo moral aparecen confundidos. De una sola religión primitiva, la hindú, se desprenderían todas, así como del símbolo, por mediación del lenguaje, se desprendería la metáfora, la alegoría y el mito.

El pensamiento "bachofeniano" constituye un punto de referencia para todo el estudio concerniente a lo religioso, lo filosófico e histórico de la cultura occidental. Bachofen, creador de la teoría del matriarcado, sería retomado por estudiosos hasta Sigmund Freud, por antropólogos como Bronislaw Malinowski, Mark Durkheim, Mircea Eliade y mucho más.

Fue retomado por la Escuela de Frankfort, por Erich Fromm y por el mitólogo Joseph Campbell. Por sus huellas andarán luego Ferdinand von Eckstein, Bachofen[9] (*El derecho materno*, 1861) y Lewis Henry Morgan[10] en su famosa *Ancient Society* (1877), muchas de cuyas informaciones serán aprovechadas por Friedrich Engels en *Origen de la familia, la propiedad privada y el Estado*.

En su estudio sobre los indios iroqueses, Morgan detalló el status elevado de la mujer en la sociedad incaica, en la cual dominaba la esfera económica y ostentaba roles cruciales en el ritual y en la política.

La sociedad matrifocal

Este cuadro de hallazgos lo completó la biología romántica del siglo XIX, con el naturalista Karl Ernst von Baer, el cual descubrió el óvulo, es decir, reveló el papel activo de la mujer en el acto de la generación, hasta entonces reservado a la potencia genesíaca varonil.

La sociedad de ordenamiento matrifocal estaría caracterizada por la importancia del legado de sangre por vía materna, por la herencia de tierra por igual vía y por la aceptación pasiva de todo fenómeno natural. En esta no existirían preferencias entre los hijos, ya sea el primogénito o el último, y lo importante tendría que ser la vida humana.

Tanto John Fergunson McLennan[11], en su obra *Primitive Marriage* (1867) como Jules Michelet[12], que publicó en 1852 su excepcional *La Bruja*, y en 1869, John Stuart Mill[13] con su ensayo *La Sujeción de la Mujer*, en sus textos defienden la extensión del derecho político y civil a la mujer, otorgándosele el voto.

En 1879, el socialista alemán August Bebel[14] publica *La Mujer y el Socialismo,* presentando a la mujer proletaria como doblemente explotada (por sexo y por su clase social) y, obviamente, sostenía que la completa liberación de ella vendría en el socialismo.

Pero fue Bachofen quien apoyó las ideas relativas a una visión vívida de la mitología y la tragedia griegas, al calor de una corriente de pensamiento de revisión del mito, buscando en este un sentido originario de "historia vivida", o la capacidad que se poseía en la antigüedad para esculpir en la memoria colectiva el panteón divino en su totalidad.

Para Bachofen, en toda religión y organización social hay un *pathos* vivencial estructurado por el humano, que gesta el mito como una expresión de su universo; por lo cual, el mito es el intento en tales períodos por explicar ese *pathos*.

La historia y el mito se dan, pues, como diversos y mutuamente necesarios. Las oposiciones son evidentes para Bachofen: lo masculino es la derecha, el día, el sol, el agua fecundante, la vida, el espíritu, el cielo, la paternidad, el individuo, la cultura, la racionalidad.

En el lado opuesto, la izquierda, presenta lo femenino: lo siniestro, la noche, la luna, la tierra como espacio fecundado, la muerte y los muertos, la tierra, la maternidad, el género, el sentimiento, la religión.

El juego de estos opuestos, sus guerras y sus acuerdos, conducen a las cuatro fases de la sociedad histórica: el hetairismo (matrimonios colectivos y promiscuos), el amazonismo (las mujeres guerreras), la ginecocracia y el patriarcado.

La fase patriarcal genera sus cultos pertinentes. Puede reconocerse el complejo y sutil patriarcalismo de la Iglesia católico-romana, que se define como Madre pero la compone un clero exclusivamente varonil, aunque de varones durante milenios vestidos de mujer y es el vestuario que hoy conservan sus más altos dignatarios

Es una Iglesia que no admite en el sacerdocio a la mujer excluyéndola por consiguiente del ejercicio del poder y reteniéndola en el desempeño de segundonas y sirvientas de los hombres.

En su estudio sobre el plexo de conceptos que connotan los símbolos del huevo y la serpiente, Bachofen adjudica al primero un carácter femenino (vinculado con: el fundamento material originario, la plenitud, el reposo, el refugio, la fortuna doméstica, la unidad, lo santo como lo intangible) y a la segunda, un carácter masculino (vinculado con la energía, el dominio, la lucha, el crecimiento, el combate ofensivo o el defensivo, el genio de la vida o la vida como genialidad, la dualidad entre generar y destruir, lo sacro como lo consagrado, la distinción entre lo sagrado y lo profano).

Retrocediendo hacia la prehistoria nos encontramos de repente frente a una elaborada constelación de coherentes creencias, mezcladas con fantásticos relatos sobre los orígenes del mundo. Durante milenios, y bajo una organización social eminentemente matriarcal, el mundo se concibió como surgido de un gran huevo germinal empollado por una Gran Diosa en un océano turbulento[15].

El nacimiento y la muerte

Los misterios del nacimiento y de la muerte estuvieron presentes con ímpetu en la vida de nuestros antepasados. El vientre materno, primera casa del neonato, tendió a ser sacralizado y a recibir diversas y hoy nos podrían parecer desatinadas asociaciones. Desde hace miles de años la figura femenina ha estado vinculada por igual al nacimiento que a la muerte. En Egipto, por ejemplo, los sarcófagos de piedra eran denominados "vientres maternos".

En la cuenca mediterránea los difuntos recibían enterramiento en el seno de las montañas, pues se creía que la divinidad que allí habitaba les ayudaría a renacer. Utilizadas como ornamentos, fetiches, joyas o amuletos, representaciones femeninas de divinidades o de sacerdotisas se consideraba que actuaban como intermediarias entre los dioses, las divinidades y los muertos.

En esas imágenes, sus exageradas formas nutricias y sexuales y sus cabezas carentes de rasgos hacen dudar que estemos ante representaciones realistas de la mujer paleolítica; más bien sugieren una interpretación simbólica, muy posiblemente correlacionadas a la ausencia de vida.

En los mitos de la prehistoria el huevo, de naturaleza masculina, es símbolo emblemático de la mujer, y la serpiente, de naturaleza femenina, lo es del varón. Oposición y llamado a la androginia. En cualquier caso es una dinámica de la historia entendida como un drama con dos personajes simbólicos y presentados en oposición, entre ellos y cada uno portando la contradicción femenino-masculino en sí mismo.

Según esa interpretación si bien la hembra tiene el privilegio de ser lo anterior, lo dado, la madre que precede al hijo al que alberga en sus entrañas, amamanta y cría después, el varón exhibe el privilegio contrario (y complementario): el padre representa lo que ha de ser, el devenir, la secuencia.

Ella, la madre, señala el camino hacia lo oculto, la homogeneidad propia del género, el vínculo de alteridad, la demasía (relación con los demás), la inmersión en la vida múltiple y móvil; él, el padre, indica la heterogeneidad de la existencia individual, la relación del sujeto consigo mismo y el saber como un orden de ideas elevado sobre la naturaleza.

Ese par mujer-hombre, madre-padre, tiene consecuencias esenciales para el mundo de la épica que, finalmente, nos ha traído hasta estos apuntes de antropología y religiones comparadas siempre susceptibles de otras interpretaciones por más que se impusiera tomarlos en su literalidad.

En el orden de las cosmogonías, las hay femeninas y masculinas. Las primeras privilegian el caos oceánico originario o la figura del huevo que contiene, en germen, todas las múltiples determinaciones del universo. Las segundas, en cambio, ponen en primer lugar la emergencia de la serpiente oceánica como hora cero de la creación, algo así como un *big bang* mítico.

En el orden del relato épico la serpiente es un animal fálico, un eje, una frontera, un bisel que actúa como primer acto de distinción y, por ello, de pensamiento que identifica y da o reconoce al ser (la luz se distingue de la tiniebla, etcétera).

Por su parte, la mujer es la madre iniciática, depositaria del saber eterno y repetitivo, sirviendo al héroe como guía en el sendero que conduce a su propia identidad, al reconocimiento de sus propias potencias. Ella, en tanto género, es inmortal y, por lo mismo carece del anhelo de la inmortalidad que mueve al héroe, individuo mortal.

Ella es la humedad vegetal que vive transformándose en el mundo sublunar; él, consciente de su mortalidad, busca la certeza mineral y extraterrestre de la claridad solar. De ahí que a ella se le identifique con la pasividad y la muerte en tanto a él se le identifique con la acción, el combate y el genio de la vida.

Pero la mujer es también la posibilidad de la continuidad de la vida, de ahí la mitologización de su relación con la muerte, con el mundo de los espíritus, de su excelencia para la comunicación con dioses y divinidades.

Tenida como unitaria y confusa, la mujer es la misma en sus dos mitades, femenina en ambas, representación de la homogeneidad. En cambio, el varón es dual y conflictivo, pues su mitad masculina está como superpuesta sobre un fondo nativo de sesgo femenino, encarnando la representación de la bipolaridad, de la ambivalencia en su heterogeneidad. La mujer representa el principio de acuerdo, de armonía cósmica.

El hombre encarna la existencia como drama, como puesta en escena de la inadecuación, como creatividad no por naturaleza sino por fuerza mayor de sus características naturales. Jean Baudrillard, al rozar el tema en sus reflexiones sobre la seducción, describe lo femenino y lo masculino como dos categorías que no tienen correlato ni son comparables.

Para este estudioso, el poder masculino personifica el dominio sobre el mundo real, en tanto la seducción femenina lo hace sobre el mundo simbólico. En esa lógica, el poder de la mujer reside en su inexistencia, en ser pura apariencia, frente al reclamo de hondura y autenticidad que proclama el varón. La mujer, así mal entendida, no es nada, o, en todo caso, es la ausencia llenada con fantasía, resultando su ser un atributo que el hombre le adjudica.

Por esto, y en contradicción, ella es original y superior: es dominante.

El Derecho Materno

A partir del derecho greco- romano[16] (*El derecho natural y el derecho histórico,* 1841), y de las relaciones entre los sexos y el orden religioso, Bachofen investiga sobre el "Derecho materno", para fundamentar su tesis del matriarcado como estrato cultural anterior al patriarcado y matriz fundante de la cultura occidental.

Él establece tres períodos: el primero con Afrodita como símbolo del "hetairismo" y de la procreación indiferenciada; en el segundo rige Deméter, con una regulación por el matrimonio; el último ya es el patriarcal personificado en Zeus o Apolo, con la primacía uránico-racional y de distanciamiento con la Madre Naturaleza. Esa estructura se refleja en la *Orestíada*, donde concurren, en lucha, el derecho matriarcal declinante con el derecho patriarcal triunfante.

La vinculación de la evolución del derecho de familia que van adquiriendo el lugar preponderante en el culto y pensamiento de los pueblos antiguos, es un hecho que muestra gran regularidad y necesidad interna. Tendremos en consecuencia que, en sus diferentes dimensiones, los eventos pasajeros de la historia son sólo expresiones de un pensamiento creador divino cuyo fundamento es la religión[17].

En 1856 Bachofen ofrecía su primera conferencia sobre el matriarcado, que fue recibida con estupor en el mundo académico y en la cultura oficial europea. Al estudiar la sociedad pre-patriarcal se ha caído en el falso paradigma de un modelo dominante, donde la sociedad presuntamente estuvo sojuzgada por uno de los dos sexos, primero la mujer y luego el hombre.

Pero en la organización de esa sociedad, que en oposición antagónica al patriarcado se ha mal llamado matriarcado, la mujer no dominaba al hombre, sino que nos hallábamos ante un modelo de equivalencia donde la diversidad no implicaba inferioridad o superioridad, y donde la veneración a la Diosa Madre o a sus concomitantes divinidades maternas no consistía en un culto a la fertilidad sino en una religión.

Bachofen reconstruyó una historia antigua pre-homérica del Mediterráneo, de cultura matriarcal o gineco/crática, como una compleja relación que se manifestaba en distintos grados en el mundo occidental conocido de toda esa época (Creta, Persia, Egipto, Grecia) y que no se ceñía a un pueblo específico.

En sus palabras: "La dependencia de las diferentes etapas de las relaciones entre los sexos de las manifestaciones cósmicas, no se debe a un constructo imaginario; no se trata de un paralelismo sin fundamento, sino de un acontecimiento histórico, de un pensamiento de la historia. ¿Podría acaso el hombre, la mayor manifestación del cosmos[18], sustraerse a sus leyes?".

Con Bachofen no estamos sólo ante la descripción del negado estadío matriarcal precursor del patriarcado, sino también ante un modo de comprender la Antigüedad a partir de una antropología de las representaciones simbólicas provenientes de la memoria colectiva de un pueblo y de su identidad. En consecuencia, estamos ante la reconsideración de la propia constitución de la identidad occidental, que no nace con Herodoto como su primer historiador sino que proviene de tiempos más arcaicos.

De ahí que la distancia entre nosotros y la Antigüedad, lejos de ser inmensa, se nos muestre inmaterial debido a que reconocemos, nos regimos por y muchas veces también nos reconocemos en los mismos arquetipos. No obstante, debe tenerse en cuenta que las explicaciones y conclusiones de Bachofen obedecen más a la cultura patriarcal de su tiempo que a la relectura de la historia.

Mujer, agricultura y calendario

Según los paleontólogos dista de nosotros en 9,500 años el empobrecimiento de la fauna mamífera glacial y el desvanecimiento de la última de las grandes bestias, el mamut, conjuntamente con la del oso cavernario, el rinoceronte lanudo, el bisonte de las estepas y los mastodontes, eventos que sobrevinieron al comparecer el actual calentamiento global, que impuso entre los depredadores una contienda más feroz por los alimentos.

Precisamente en ese instante de violentos cambios el *Sapiens sapiens* se erigió sobre el resto de los animales, ultimando a especies completas de proveedores y competidores. En las oleadas invasoras del *Homo sapiens* a las Américas se perpetró la liquidación de la caza mayor de ese continente, desapareciendo el mamut.

Esta presión por el alimento encauzó hacia la domesticación de animales para la subsistencia, y después hacia la agricultura. A diferencia del resto de los animales, la naturaleza del humano, el desarrollo de su sistema digestivo, le permitió ampliar su dieta que incluyó pequeños animales como el conejo, mamíferos acuáticos, aves voladoras, peces y moluscos, raíces, nueces y semillas.

Diez milenios a la zaga, aproximadamente entre 10,000 y 8,5000 años atrás, cuando el homo recién lograra perfeccionar su cultura cazadora-depredadora, cambiaría sorpresivamente su ritmo de vida, devendría agricultor y pastor, haciendo dar frutos a la tierra y domesticando a los animales, cuando la cacería de la exhausta población de gacelas fue reemplazada por la domesticación de cabras y chivos en una sociedad ampliada, organizada con leyes y regularizada con éticas y cultos, comenzando a domeñar su naturaleza violenta al emplazarse en un punto intermedio entre fiera salvaje y doméstica.

Hoy sabemos que la agricultura data de fechas muy anteriores a lo que habíamos considerado; de hecho, lo que historiadores y arqueólogos han dado en llamar Neolítico o revolución agrícola, el avance técnico-material más importante de nuestra especie, comenzó a aparecer en el 9000 ane, con la sobreproducción, la explosión demográfica, la creación de ciudades, la especialización tecnológica, la generalización del comercio, la invención de la artesanía del barro cocido y la cestería, los textiles, el cuero, la joyería.

Pudiéramos hablar de un orden en el cual disciplina, ética y estética irían de la mano, en el cual lo económico, lo político, lo cultural y lo religioso irían intrínsecamente coligados, en beneficio del desarrollo tecnológico y resultante de este.

Pero la comparecencia de la economía agro-doméstica no fue repentina en la historia; esta se vendría practicando, de forma irregular, desde la Edad de los Hielos. El control de los medios de subsistencia agrícolas y animales databa de mucho antes, del Paleolítico Superior, cuando el *Sapiens* ya controlaba sus manadas de caza y los grupos humanos vivían en las orillas de los bosques tropicales, envueltos en una intermitente actividad hortícola y de plantación.

Probada su alta efectividad económica y su alcance nutricional, garante de la subsistencia y ampliación del grupo, el logro de los cultivos cerealeros tendría lugar con rapidez, practicándose en paralelo a la milenaria cultura cazadora y a las técnicas forrajeras.

El invierno dejaría de ser sinónimo de desamparo, pues la acumulación de alimentos durante los períodos fértiles del año era posible.

Este cambio dramático del comportamiento económico humano ocurrió simultáneamente en los valles del río Nilo y del río Indo, en el Sudeste Asiático, el norte de China, Europa y América Central. En la lejanía 10,000 años ya los asentamientos humanos en lo que es hoy Siria sembraban plantas alimenticias, mientras el sorgo era cultivado en el entonces fértil Sáhara hace 8,000 años.

La expansión de esta actividad agrícola traería consigo la sofisticación del lenguaje, necesaria por la diversidad de actividades en las que se iba afanando la comunidad y por la participación de cada uno de sus componentes en esas actividades.

Los cazadores prehistóricos se percataron de la conexión entre los movimientos del Sol y los cambios estacionales en la vegetación y de su relación con la actividad de los animales. La complejidad e inseguridad que significa la vida dependiente de la cacería y el forrajeo de frutas, semillas y plantas fue suficiente para imponer una actividad intelectual; la invención posterior de la agricultura y el sedentarismo fue una consecuencia lógica de estos primeros pasos.

Los grupos cazadores prehistóricos transmigraban detrás de las horas de bisontes, caballos salvajes y mamuts en sus movimientos estacionales apartándose miles de millas de sus bases fijas.

Es obvio que las precisas incisiones en los huesos durante la Edad de Hielo del 35,000 al 9,000 ane, que compilaban numeraciones, resultaban ser un calendario lunar rudimentario que les concedía un sistema para entender o crearse un orden con los ritmos visibles de la naturaleza, para guiarse en la cacería, la pesca o el forraje atendiendo a los cambios de estaciones, como el arribo del salmón o la aparición de ciertos animales en primavera. En 1978, el antropólogo soviético Nikolai N. Dikov descubrió un tipo de calendario lunar en excavaciones cerca del lago Ushki en la península de Kamchatka que se remonta al 10,000 ane

La visiones iniciales del humano

Sin embargo los mitos celestiales y cíclicos de los humanos prehistóricos antecedieron a la invención de la agricultura y a los calendarios. Sin dudas, las visiones mitológicas y religiosas, donde no existía la separación entre el orden cósmico y humano, concedieron impulso a la observación astronómica antigua teniendo a la religión como origen de la práctica científica.

Para la mayor parte de las agrupaciones humanas que iniciaron la economía agrícola, la Luna comenzó a significar un símbolo femenino cuya menstruación cíclica brindaba salud y bienestar; apreciación trocada en negatividad con el arribo de dioses y divinidades guerrera y misóginas.

Como antes señaláramos, volviéndonos hacia el pasado histórico observamos lentitud en las variaciones culturales. La humanidad paleolítica era escasa, estaba esparcida, y su interrelación y cotejo cultural eran extremadamente limitados. Razones por las cuales la velocidad y expansión de sus logros se tornan impresionantes comparados con lo acontecido anteriormente.

El Paleolítico Superior documenta sólo el uso de la capacidad cognoscitiva humana durante la Edad de Hielo, un tiempo histórico y lugar donde un grupo de condiciones propició un desarrollo regional específico. Como viéramos, cuando esas condiciones variaron, cuando los glaciales retrocedieron, cuando el clima se calentó y los bosques se ampliaron, cuando los herbívoros de las tundras y estepas desaparecieron, la cultura de la Edad de Hielo colapsó.

Es inaudito que el homínido estuviera en capacidad de permanecer en el mismo sitio. Para entonces, todo el arsenal construido en el Paleolítico propició el desarrollo de nuevas tecnologías asociadas con el pastoreo y la agricultura, de una astronomía neolítica y coadyuvó a la gradual organización y establecimiento de un nuevo orden social.

La tecnología y destrezas desenvueltas en la época de la notación lunar, de la transmisión de mitos e historias, el uso de los símbolos y el arte rupestre se desarrollarían dramáticamente en pocos milenios, gestando la escritura, la astronomía, el agro-pastoreo, la aritmética y los complejos religiosos y mitológicos[20].

Los ciclos y rutinas anuales necesarias en la agricultura impusieron la exigencia de calendarios. La agricultura forzó a la readecuación de los tiempos y quebró la precaria distribución de subsistencia comunal.

Algunas agrupaciones humanas alcanzarían niveles de consumo alimenticio mayor que otras; se concedió mayor tiempo libre a los humanos, y mediante la regulación y el control de los recursos alimenticios se fue consolidando de forma permanente la institución del poder político.

Para cada consecuencia del desarrollo alcanzado por la humanidad era necesaria la articulación de una explicación, que preferentemente sería mitológica, y la estructuración de una disciplina, en lo que auxiliaría la religión.

La cultura agrícola no sólo conllevaba un instrumental de labor específico acompañado de habilidades tecnológicas, también se hacía acompañar de un cuerpo de mitológico y de historias, ceremoniales de iniciación, del conocimiento de los cambios estacionales, de los ciclos de celos animales, de las rutas de las manadas, del comienzo de las lluvias, del fin de la hibernación.

En consecuencia, los primeros calendarios de las ciudades mesopotámicas fueron lunares; asimismo sucedería con los calendarios caldeos, hindúes, chinos, mayas y demás, indicando que el carácter lunar de esos calendarios primigenios tenía origen en una civilización agrícola de observación lunar.

Cuando las adelantadas culturas neolíticas comenzaron a construir sus alineamientos de megalitos y montículos, documentaban un modo de determinar el tiempo a partir de la observación solar y lunar. Se puede argumentar con certidumbre que estas tradiciones principiaron alrededor del 28,000 a. C., con los cazadores-forrajeros de la Edad de Hielo, y no a partir de las civilizaciones agro-hidráulicas del Medio Oriente.

El instinto depredador

Esos grupos humanos prehistóricos que realizaron un notable esfuerzo intelectual por comprender la dinámica del Sol y de la Luna, se dieron a aplicarlo tanto a las creencias religiosas como a la agricultura.

Pero si el homo logró perfeccionar su cultura cazadora-depredadora (con la tecnología y destrezas desenvueltas en la Edad de Hielo, con la notación lunar, la transmisión de narraciones míticas e históricas, el uso de los símbolos y el desarrollo del arte rupestre), produciéndose el sorpresivo cambio en el ritmo de su vida ---recordemos que eso acontecería hace unos 10,000 años---, estableciendo y desarrollando impresionantemente la agricultura y la domesticación de animales, gestando en pocos milenios una sociedad ampliada con leyes y éticas, escritura, astronomía, agro-pastoreo, aritmética y los complejos religiosos y mitológicos[21], cabría a la sazón una interrogante: ¿cómo es que, pese a un medio concreto y de tamaña inhospitabilidad, la Edad de Hielo, donde el comportamiento y la interrelación cultural resultaron escasos y extremadamente lentos, la velocidad y expansión de los logros técnicos terminarían siendo tan impresionantes?

La respuesta está, precisamente, en la visión antropo-céntrica que sobre el universo, sobre sí mismo, sobre la naturaleza y la vida que tenía ese homo la que terminaría lanzándole por una senda creativa con su carga de violencia y de expoliación, de hambrunas y de holocaustos, alterando las leyes naturales y la ecología planetaria que lo conforman y sostienen.

La presunta consecución del anhelo de una sociedad perfecta le llevaría a romper la trampa del ciclo repetitivo de los animales, entronizándose la tensión entre su igualitarismo naturista animal y el progreso implacable de vanguardias rapaces, negadas a permanecer en una órbita centrífuga.

El instinto de subsistencia de su naturaleza depredadora, de una especie inteligente pero despiadada, que aprendiera a ejecutar la matanza para la sobrevivencia del grupo y que escenificara esa práctica durante dos millones de años, precipitó su preeminencia sobre el resto de los animales, provocó las alianzas grupales de los machos y los sangrientos enfrentamientos entre diferentes hordas homínidas por la obtención o el monopolio de comarcas de caza y por la dominación de otros seres humanos.

Pero en ello se impone el devenir de la histórica, con sus contingencias y la manera en que estas han ido siendo resueltas o salvadas por los humanos, no condicionantes de carácter genético como ha querido verse.

Junto al rápido y sorprendente proceso de aprendizaje del homo, existieron los sacrificios humanos, las matanzas y el canibalismo ritual. Así, nuestra especie surgió aportando una dominante cultura, que al lado de la pasiva actividad recolectora forrajera introducía un método económico de mayor violencia con la caza masiva de otros animales y el choque brutal con otros grupos humanos que entonces sería por la preservación de territorios de caza y hoy actualiza con la obtención de pozos petroleros y fuerza de trabajo barata.

No fue la filogénesis antropoide la causante de la brutalidad; esta compareció con la emergencia del homínido. La evolución civilizadora del *Sapiens sapiens* ha sido la resultante más obvia del impulso expansivo-sobrevivencial, que terminaría con la práctica de las guerras comerciales y por recursos de sobrevivencia.

La noción de exclusividad territorial que ha punteado toda la pesquisa de progreso e idearios del Homo *Sapiens sapiens*, le preparó para la construcción de una civilización tecnológica con un andamiaje jerárquico de Estado-territorio primero y estado-nación después, conformados bajo la conquista guerrera, aparejados con extensos niveles de crueldad en la sociedad, y ha codificado su discurso manipulador forzando apreciaciones convertidas en espacios estancos como la familia, el poder, la economía, la jefatura individual, el ejército, la autoridad y el derecho; discursos sustentadores de la práctica de que la paz se viabiliza mediante la guerra, imponiendo la cotidianeidad de que la vida sea custodiada por artefactos de muerte.

Las guerras homínidas fueron el producto de ese impulso primario para la batida y matanza de animales, para la preservación de las áreas forrajeras heredado de la etapa prehistórica, donde se hallaban en pugna los reflejos primitivos con la regulación social. Pero en ello, vale insistir, no existía ningún componente genético sino socioeconómico, contextualmente asimilado.

Parte Cuarta

De Nómada a Sedentaria

La tierra y la fecundidad femenina

Revelando la significación que las comunidades cazadoras ofrecían a la mujer, quedan evidencias de algunas tribus cazadoras situadas en Asia septentrional que crearon unas estatuillas femeninas[1], llamadas *dzuli*, en representación a la abuela mítica de la tribu, de la que se suponía que descenderían todos sus miembros. Pero la tendencia a conceder mayor significación al rol de la fémina sobrevendría con la sedentarización de los humanos.

Definitivamente, el cambio de una sociedad nómada cazadora a otra sedentaria agricultora otorgó protagonismo a la figura femenina. Se estableció un vínculo entre la fertilidad de la tierra y la fecundidad de la mujer: las mujeres no sólo trabajaban los cultivos, sino que se convirtieron en responsables de la abundancia de las cosechas, pues sólo ellas poseían el misterio de la creación.

En paralelo, esta evolución engendró una mayor importancia en la sacralidad femenina. En el Mediterráneo Oriental[2] (Egipto, Fenicia, Frigia y Grecia) comenzaría la veneración de las divinidades Isis, Cibeles y Rea, consagradas a la fecundidad vegetal, animal y humana. Esta divinidad "soberana", que "resplandece con gran majestad", era adorada en su calidad de cultivadora, segadora y aventadora del grano.

Se representaba con una larga cabellera cubriéndole la espalda, una corona de flores adornaba su cabeza y portaba una túnica oscura sembrada toda de unas estrellas muy resplandecientes, en medio de las cuales la Luna de quince días lanzaba rayos inflamados[3]: "Soy madre y natura de todas las cosas, señora de todos los elementos, principio y generación de los siglos, la mayor de los dioses y reina de todos los difuntos, primera y única sola de todos los dioses y diosas del cielo, que dispenso con mi poder y mando las alturas resplandecientes del cielo, y las aguas saludables de la mar, y los secretos lloros del infierno. A mí, sola y una diosa, honra y sacrifica todo el mundo en muchas maneras de nombres".

Hurgando en la literatura sobre el tema hallaremos muchas variantes, casi idénticas en contenido, de auto/presentaciones de las divinidades-maternas.

Es interesante que, en la supuesta voz de esta lejana divinidad-madre, el estudioso, ya habitante de esta vasta era patriarcal, coloca muchos de los atributos y asociaciones que el hombre ha verificado en la mujer u otros en los cuales le ha forzado a permanecer atrapada; así su relación con la maternidad y con la muerte, con la naturaleza[4] y con lo inasible en la figura mítica del infierno.

La preponderancia que le concede en esta aseveración puesta en voz de la diosa: "A mí, sola y una diosa, honra y sacrifica todo el mundo en muchas maneras", permite intuir la importancia que concedía a la mujer, si bien como ente inexplicable para él; actitud rastreable en mucho del actual comportamiento cotidiano entre ambos sexos. Pero este será tema sobre el que regresaremos más adelante.

El Mesolítico

En la etapa pre-agrícola del Levante, la llamada cultura Mesolítica, (entre el 10,000 al 8000 ane) levantaban campamentos temporales. Durante ese neolítico, 10 milenios atrás y posterior a la Edad de Hielo se esparció la agricultura cerealera intra-montana, con sus establecimientos sedentarios, que se difundió por Europa, Asia, las Américas, el Medio Oriente y África, incluiría actividades económicas variadas.

Los cambios climáticos y ecológicos imprimieron su peso en las bandas humanas obligándolas a especializarse alrededor de los ríos y lagos, los macizos forestales eurásicos, en la franja sub-ártica siberiana del reno y en los valles intra-montanos del Medio Oriente, donde iniciarían los primeros balbuceos agrícolas que se documentan.

Allí se moldearon las vasijas de cerámica para cocinar y conservar los alimentos; de allí, a todas luces, la agricultura y sus nuevas técnicas se esparcieron al sudeste europeo, las islas mediterráneas y al Medio Oriente.

Esta cultura mesolítica Natufiense[5] se centró en Palestina, extendiéndose hacia el valle del río Éufrates, el Líbano, Egipto, el Sáhara y Etiopía; también en Shánidar, en los montes Zagros, territorio donde se han develado diseños de viviendas. Aunque los natufienses en la villa de Jericó no eran agricultores, está demostrado que descascaraban el grano y conocían la manera de molerlo en morteros.

En el Paleolítico y el Mesolítico la agricultura aún no se había adoptado como método de producción de alimentos; el sustento se adquiría en el forrajeo, la recolección de plantas silvestres y la caza de animales salvajes.

El Mesolítico aportó un clima más benigno, un entorno natural menos hostil y una notable variedad de plantas alimenticias, permitiendo el uso de las riquezas de bosques, ríos, riachos y lagos. Las posibilidades de alimentos que para el humano brindaban el forraje y la recolección aparecían excepcionales por su cantidad y diversidad, además de obtenerse con mayor facilidad y seguridad que a través de la caza.

Las mujeres, invirtiendo poco tiempo, podrían recoger grandes cantidades de frutas, hojas, raíces, rizomas, bulbos, cortezas, semillas, flores, nueces, hongos, plantas acuáticas; acopiar la preciada miel de abeja, como quedó en recogido en las pinturas rupestres de las Cuevas de la Araña, en España; atrapar pequeños animales[6] y, asistidas por perros, cazar pequeños mamíferos. Rememoremos que la pesca y la caza menor eran actividades compartidas en la mayoritariamente por la mujer y el hombre.

Esos receptáculos y bolsas para acarrear y almacenar alimentos que utilizaba el grupo, esencialmente las mujeres que como ya hemos visto eran sus manufacturadoras, posibilitó disponer de un volumen mayor de alimentos del necesario para satisfacer el hambre inmediata, permaneciéndose más tiempo en una base segura, contribuyendo a moderar el arriesgado nomadismo errante de los depredadores y forrajeros, separándose definitivamente el homínido de la práctica del resto de los animales.

Como se denota en los asentamientos del Paleolítico y el Mesolítico con su profusión de huesos animales, este almacenamiento posibilitó la preservación de alimentos en el invierno, ahumándolos o congelándolos en el hielo.

Era muy difícil que siendo la proveedora más estable y primordial de alimentos del grupo, poseyendo el conocimiento práctico sobre la naturaleza circundante y su dinámica, familiarizada con las plantas comestibles, curativas y venenosas, conocedora de los sitios de recolección más apropiados y del momento de maduración de frutos y vegetales, la mujer no ostentara una categoría de paridad con el hombre.

Con el inicio de la revolución neolítica en el Medio Oriente, comenzaría un equilibrio en la dieta humana con la introducción más frecuente de vegetales y cereales. Llama la atención la comparecencia simultánea de cultivos cerealeros en América, Asia y Medio Oriente. Asimismo tuvo lugar una mayor disponibilidad de ganado domesticado. Esta seguridad alimentaria sin precedentes posibilitaría la extensión de la vida, elevaría el nivel de consumo y gestaría el desarrollo demográfico, especialmente en Asia y el Medio Oriente.

Durante todo el Neolítico el énfasis fue puesto en el mejoramiento de las condiciones de vida: las técnicas de labranza y etilos de pastoreo, la construcción de viviendas, confección de vestidos, de utensilios y muebles domésticos recibieron especial atención y, con todo, como antes se mencionara, se gestaría el florecimiento del arte.

Todo ello trajo como resultante la radicación del grupo en localidades más seguras y de mayor asentamiento de humanos. Así, se calcula que en este inicio del Neolítico la población planetaria sería de aproximadamente un millón de seres humanos.

En este equilibrio fue fundamental el trabajo y la creatividad de la mujer y, en correspondencia, habrán sido su desempeño en la organización del grupo y su reconocimiento social.

Permitió el intercambio de lo recolectado entre los diferentes componentes del grupo, compartiendo con otros grupos, y, comparado al resto de los animales, se crearon lazos más estables entre la mujer y el hombre, entre la madre y los hijos, entre los hermanos y hermanas, se dio mayor atención al cuidado de niños y ancianos, alcanzaron los hombres mayor sociabilidad y la mujer obtuvo un elevado estatus de reconocimiento al interior del conjunto humano.

Es fundamental apuntar que el logro tecno-cultural estaba enfilado en hacer la vida más provechosa y no en la devastación del entorno ni en la supremacía como especie.

Era una organización social básicamente cooperativa, con una ideología ginocéntrica basada en los poderes creadores de la naturaleza que terminaba armonizando al humano con esta y a los humanos entre sí. La fortaleza física masculina no era base de la opresión social, de la guerra organizada o de la concentración privada de la propiedad, y la función de los sacerdotes y sacerdotisas no servía ni concedía sanción religiosa a alguna brutal élite masculina.

La sociedad forrajera

Al finalizar la cultura de la caza nuestros antecesores habían diezmado casi todas las grandes especies animales con lo cual quedaba amenazada con la extinción la propia humanidad. Con el Neolítico habíamos roto el equilibrio ecológico con la naturaleza, nuestra dependencia inexorable con esta.

La existencia o no de suficientes animales nunca fue, realmente, un problema, y ya no lo sería en el futuro, pues con la agricultura se podría incluso esperar que se volvieran a extender o propiciar su desarrollo artificial. Las sociedades forrajeras al no poder permanecer demasiado tiempo en un mismo lugar erigían para su asentamiento simples cobertizos.

Esta cultura de equilibrio entre los sexos y elevada valoración de la mujer reflejada en la Diosa-Madre o divinidad-materna, de soporte matrifocal, tuvo su explosión precisamente con el desarrollo agrícola. La cultura de la tierra, desarrollada en algún momento entre el 12,000 y el 10,000 ane, propició en la alimentación una mayor cantidad de granos y vegetales que podrían consumirse por el uso extensivo de la cocción.

Los instrumentos agrícolas primitivos para cavar la tierra, rallar el grano y demás se confeccionaban de madera; las bolsas de piel empleadas por la mujer para acarrear y almacenar el forraje fueron suplantadas por vasijas más sólidas, de madera o cerámica.

La técnica de la piedra pulida y la cerámica, junto a la domesticación de las plantas y animales, posibilitaron el incremento de la población y la disminución de la mortandad infantil, la mayor acumulación de alimentos y bienes y los primarios bosquejos de una estratificación social basada en la familia extendida matrifocal.

Cabe insistir en lo anticipado por otros estudiosos respecto a que la célula cardinal de la sociedad neolítica era la "gens" matriarcal; en esta la mujer ostentaba una actuación principal, no inferior al hombre sino en equilibrio con este, pues por línea materna se computaban los grados de parentesco y se transmitían en herencia los bienes personales.

Esta posición de la mujer emanaba de su aporte decisivo a la economía doméstica y en la agricultura, de su consideración como el ente de la fertilidad humana.

No existían las guerras en gran escala, la esclavitud o el gobierno jerárquico; el clan, más que el núcleo familiar o el Estado, era la unidad esencial de dicha organización social, y la división de las funciones primordiales entre ambos sexos posibilitarían que ella ostentara un elevado status, como artista, cazadora, recolectora, sacerdotisa, lo cual se reforzaría pues en ese acomodo social no habrían grupos o claques que ejercitaran el monopolio de los medios coercitivos.

La transformación de la sociedad semi-nomáda forrajera-cazadora en comunidades sedentarias hortícolas, de cultivos cerealeros y domesticadoras de animales, introdujo modificaciones en el modo de vida, estableciéndose duraderas estructuras habitacionales y de almacenamientos. El ejemplo más evidente es el emplazamiento de Jericó, que de campamento de un grupo forrajero se desarrolló en una pequeña localidad sedentaria.

En el nuevo modelo de producción de alimentos las mujeres, con sus mencionados conocimientos de las plantas y de los suelos, aparecieron como responsables de las cosechas y de la preparación de los alimentos. Al lado de la domesticación del ganado[7] se mantendrían las actividades complementaria de la pesca y la caza, todas las cuales se habrían ido haciendo imprescindibles para las comunidades humanas.

Estas agrupaciones consumidoras de legumbres y domesticadoras de animales que utilizaron con eficiencia los fértiles valles ribereños, lograron desarrollar la metalurgia del cobre. Entre el 7000 y el 3500 ane estructuraron una compleja organización social, con instituciones religiosas y gubernamentales y, dada la necesidad impuesta por la comunicación y con el desarrollo del lenguaje, iniciarían los rudimentos de una escritura. No obstante, la palpable división del trabajo atendiendo al sexo no implicaba la preeminencia de uno sobre el otro, como se observa en las evidencias arqueológicas de Vinca[8].

A diferencia de los Indo-europeos, para esas agrupaciones humanas la mitología no se polarizaría en masculino y femenino y las relaciones humanas no clasificaban en un tipo de orden con rangos superiores e inferiores.

En esas sociedades aldeano-campesinas no se construyeron urbes fortificadas ni se estructuraron las burocracias parasitarias de los estados despóticos, como en el Egipto faraónico, donde los regentes morían acompañados de un arsenal de armas y de humanos "inferiores" sacrificados en rituales consagratorios.

La Revolución neolítica

Desde el período Auriñaciense–Perigordense ya existe una tradición de notación lunar asociado a la mitología de diosas y animales, envolviendo complejos ritos y ceremonias.

En el nuevo modelo de producción de alimentos, las mujeres aparecen también como responsables de las cosechas.

En la antigüedad el mar cubría una extensión mayor de terreno, de modo que el Éufrates y el Tigris tenían desembocaduras separadas. La comarca comprendida entre los dos ríos[9] se conoce como Mesopotamia, que limita al este con los montes Zagros. Se conocen restos de cazadores–recolectores que poblaron estos montes[10], cuando la población que ocupaba el área de Israel y Jordania —los natufienses— empezó a consumir más cereales salvajes.

Con el tiempo, estos recolectores sistemáticos empezaron a plantar semillas y a seleccionar las variedades de trigo y cebada más adecuadas para el cultivo, resultando en la domesticación de estas especies vegetales. De esta manera, hace 10,000 años aparecen los primeros agricultores en la región de Oriente Medio.

En esta región se desarrolló el cultivo del trigo, cebada, arvejas y lentejas, entre otros. Se conocen otros dos focos importantes e independientes de desarrollo de la agricultura: los ríos Amarillo y Yang–Tsé–Kiang en China, en donde hace aproximadamente 7,000 años se domesticó el arroz, la soja y el té (entre otros), y Mesoamérica, donde hace 5,000 años se desarrollaron el maíz, los porotos, el zapallo, los ajíes y el cacao.

El avance de la agricultura fue un proceso complejo: el cultivo de plantas ocurrió en etapas, sin abandonarse inmediatamente los hábitos de caza y recolección; y la sedentarización ocurrió, a veces, antes de la domesticación de las plantas, como indican los restos del sitio de Abu Hureira en Siria[11].

La vida en poblados estables supuso un cambio cultural importante. Se abre así una última fase del periodo paleolítico conocida como Mesolítico.

Los casos que acabamos de comentar son sus primeras manifestaciones, si bien la cultura mesolítica sólo empezó a ser representativa desde hace unos 12,000 años, momento en el que se considera que empieza el último periodo de la era cuaternaria: el Holoceno. De esta época se conservan poblados palestinos con cabañas circulares semi–subterráneas de madera, adobe y piedra.

En el milenio IX ane terminó la cuarta glaciación. La cultura mesolítica se extendió desde Palestina hasta Siria siguiendo la media luna fértil. Mientras el noreste de África permaneció en estado mesolítico durante varios milenios, en el Medio Oriente se produjeron cambios relativamente rápidos.

Los humanos sedentarios tuvieron ocasión de estudiar más a fondo el comportamiento de las plantas y los animales. Lentamente, descubrieron que era posible retener y alimentar a algunos animales en lugar de matarlos, de modo que se podía disponer de su carne cuando fuera más necesaria.

Hay indicios de que por esta época, en un asentamiento que más tarde sería la ciudad de Jericó, ya se había domesticado el carnero. Poco a poco, los humanos de la parte occidental de la media luna fértil se hicieron pastores y agricultores.

La domesticación y el bronce

Los que optaron por reunir animales y apacentarlos se encontraron con que tenían que viajar de un sitio a otro en busca de pastos, lo que les llevó a abandonar los poblados y convertirse en pueblos nómadas. Por el contrario, los agricultores debían permanecer junto a sus tierras, las cuales requerían toda clase de trabajos y cuidados.

Formaron poblados más firmes y numerosos, pues, por una parte, la tierra trabajada proporcionaba alimento para más personas y, por otra, necesitaban defenderse de las fieras y de otros pueblos nómadas que no tenían escrúpulos de llegar y llevarse sin esfuerzo el fruto del trabajo ajeno.

El Neolítico es la edad que desprecian los pre–historiadores por ser demasiado joven. Edad descuidada por la historia, dado que sus fases no pueden ser fechadas con exactitud. No obstante, y aun solemne entre todas las edades del pasado, la edad crítica tiene lugar con el nacimiento de la civilización, con la selección y domesticación de los animales y plantas de los cuales vivimos todavía hoy[12].

Pronto aquellos hombres y mujeres aprendieron a construir tiendas y a domesticar animales, desplazándose de un lado a otro con sus rebaños. Luego, descubrieron cómo cocer barro en hornos para hacer cerámica, y pronto fabricaron recipientes con dibujos sobre la superficie. Pero, para el Neolítico, se habían dejado de pintar animales. Y al final, hace unos 6,000 años, se descubrieron los metales[13].

Sobre todo irrigada por algún río caudaloso, la masa humana, en estos lugares privilegiados, ha tendido, de una manera natural y a partir de las instalaciones de la vida sedentaria, a concentrarse, a fusionarse, a caldearse. De ahí la aparición, seguramente "congénita", de determinados polos de atracción y de organización sobre la capa neolítica.

Al principio, se descubrieron las piedras verdes que, fundidas al fuego, se convierten en cobre; con él se pueden forjar puntas de flecha y hachas, pero es muy blando y se embota antes que una piedra dura.

Los humanos supieron también poner remedio a esto. Se les ocurrió mezclar el cobre con otro metal para hacerlo más duro. Ese metal es el cinc, y a tal aleación se le llama bronce. La Edad de Bronce es la época en que los humanos hacían de bronce sus yelmos y espadas, sus hachas y cazuelas, pero también sus brazaletes y collares.

Ese humano era ya como nosotros, vestido con pieles, remando en su barca hecha de un tronco hacia sus aldeas construidas sobre estacas, llevando cereales, o también sal de las minas, bebiendo de bellas jarras de arcilla, sus mujeres adornadas con piedras de colores y con oro. A menudo, se portaba con crueldad y malicia; las madres se sacrificaban por sus hijos... ¡De eso hace tan sólo 3 mil años!

En la prehistoria vivíamos irracionalmente tal cual las bestias. Luego de esta barbarie ha sido en la civilización donde nos "desvirtuamos": empezamos a razonar, es decir, a realizar un uso exclusivamente lógico de nuestras facultades cerebrales.

Así esto va pasando a la época medieval y se acentúa más todavía hoy, donde se ensalza la lógica, la razón, y se confunde a esta con la verdad. Es por ello que se empieza con la época moderna una segunda desvirtualización; a saber: el unir razón como facultad lógica al criterio que tenemos por verdad. En otros términos, se ha confundido la verdad con la validez.

La organización social matriarcal

La teoría sobre la tan extensa era histórica de organización social en torno a la fémina ha sido tradicionalmente tenida por un campo de investigación marginal, confinado a la etnología minoritaria, en el cual irrumpirían, no pocas veces con tesis delirantes, los socialistas y marxistas de la primera década de la vigésima centuria.

Ante el occidente de las historiografías de esencia, forma y contenido patriarcal existió una contra-cultura no menos poderosa, que rechazaba la hegemonía patriarcal, su individualismo y arbitraria jerarquización social.

Para hurgar en la reduccionista esquematización de los roles por sexo y en cómo se ha comportado la influencia que socialmente esto ha tenido en la amplia cultura occidental, es necesaria una reevaluación de toda la mitología griega y de la intransigente, racional y política democracia ateniense, sobre el gnosticismo y la consolidación del cristianismo imperial romano de inicios de nuestra era y sobre la realidad latente tras las grandes cacerías de brujas que pondría fin a la cultura mágica.

La época del romanticismo decimonónico, intuía nuevos aspectos de la antigüedad, de los fundamentos religiosos-culturales de la civilización griega. Contiguo a la visión apolínea-homérica del mito se redescubre al dios baquiano Dionisio y se inicia la articulación de los cantos homéricos.

Cuando se representa a una mujer fuerte, de ingenio y valiente se la describe como violenta, cruel y excesivamente erótica, haciéndose esas cualidades derivar de algún desplante emocional que la hace vencedora. Artemisa y Diana cazadora eran exhibidas como diosas "crueles".

Diana transformó a un pretendiente humano en un venado con el objeto de cazarlo y darle muerte. Hera es también presentada como vengativa y de las sirenas se dijo que con sus cantos enloquecían a los marinos para hacerles naufragar y devorarlos. A Sansón lo sedujo Dalila y Judit decapitó a Holofernes.

En *El anillo de los nibelungos* las mujeres son anunciadas como atractivas pero despiadadas, como Brunilda, la hermosa y temible reina de Islandia, que ultimaba en combate a todos sus pretendientes[14].

En la estructura matriarcal, aparte del parentesco a partir de la madre y la transmisión de la herencia y del nombre por vía materna, implicaba el gobierno de la mujer y lo matrilocal, es decir que la sociedad pertenece al lugar en donde habita la madre.

En este tipo de organización social las mujeres actúan con invulnerabilidad y gozan del privilegio de juzgar, pues se las considera dotadas de una sabiduría infusa, telúrica, no expresa en normas escritas (como tenderá a serlo en el patriarcado), sabiduría abarcadora de la legalidad oculta de la materia natural.

Reminiscencia de esa institucionalización tomando como eje a la mujer, el mundo de las Venus de la organización que las produjo ha sido periódicamente renovado, teniendo un carácter cíclico, repetitivo, regenerable, en contraposición al orden paterno, donde esta naturalidad de los eventos será sustituida por la linealidad del tiempo de la historia, compuesto de momentos singulares y sucesivos, en donde todo ocurre sólo una vez y la sucesión marcha indefectiblemente hacia la muerte.

Esa es una sociedad cercana a la adoración del mundo vegetal, que concibe al orbe como construido en torno a un árbol sagrado. El vientre materno al igual que la tierra tiene un centro, el "ombligo del mundo". Porque la imagen de la madre-virgen es una figura inmemorial, con posterioridad heredada, deformada pero reverenciada y transmitida por el cristianismo, que nos hizo verla a la inversa, como virgen-madre.

En cualquier caso, instituciones tan perdurables como el matrimonio y la metrópolis datan de entonces, conforme indica su raíz, la palabra *mater*, pues con sus variantes el matrimonio y lwa metrópolis, como la madre que nos da vida incluso ahora con el auxilio de la ciencia y la tecnología modernas, han sido los elementos más estables que hemos disfrutado como humanos.

Pierre Saintyves[15] sostiene la tesis de que las culturas matriarcales viven en el horror a la esterilidad y la despoblación, hechos que condicionan la exaltación de la fecundidad, a la que se proveen medios mágicos y aún inmorales, moralidad que, por supuesto, esgrime desde su concepción occidental muy posterior de la vida y de la organización y funcionamiento social que él estudia.

Según el planteamiento de Saintyves es explicable que en las religiones de las antiguas diosas y divinidades-madres la fecundidad de la mujer vaya ligada a la feracidad de la tierra y a la abundancia de las cosechas. En consecuencia, la vida sexual se sacraliza y se identifica con el enigma milagroso de la creación, teniendo manifestaciones como la boda mística, la orgía litúrgica y la maternidad virginal, legadas la primera (boda mítica) y la tercera (maternidad virginal) al posterior cristianismo que se precia de tener una inexistente originalidad.

Diosas y divinidades

Todavía el *Antiguo Testamento* recoge episodios donde el adulterio y el incesto son preferibles a la infecundidad. Lo primordial en el acto fecundo es la mujer, que se fertiliza por medio del varón, mero instrumento de la maternidad y no agente de la procreación.

Habríamos de interrogarnos entonces: ¿por qué somos individuos sexuados? ¿Por qué los sexos son dos?

La dualidad lleva a una lógica binaria de oposiciones y el final del triángulo o del cuadrado emergen, con su muda y elocuente geometría, del par fundamental, en este caso: hembra y varón.

El mito del andrógino terminaría proporcionando una respuesta conciliadora al conflicto de los sexos, expresado en las culturas organizadas en torno a la mujer o al hombre, en torno al tema del sujeto en la procreación, es decir, la desesperada búsqueda de la determinación de cuál sexo es principal y cuál, en tal extremo, accesorio. La realidad del ser andrógino, no obstante su apariencia de posible equilibrio, socialmente prosigue hasta la actualidad sin ser plenamente comprendido y aceptado en la naturalidad de su existencia.

Ni siquiera ha valido echar mano de argumentaciones religiosas como el conformista "así lo quiso Dios", para generar conformidad con relación a las personas con esta característica, los o las llamadas hermafroditas.

Quizás se trata de un tercer sexo que, por su representar una alteridad con la que no estamos familiarizados, por su singularidad e inusual existencia, intentamos forzar a definirse por uno u otro de los sexos que la naturaleza ha privilegiado con la repetición y la abundancia.

La fantasía en ambas culturas por parte del sexo dominante ha sido la autosuficiencia. Esta implica decretar que el sexo secundario es prescindible en la reproducción y puede sustituirse por un artefacto o por un milagro. Ayer la cubeta, la piedra mágica o el mágico rayo del Sol olímpico, hoy el banco de semen. En todo caso, se considera la posibilidad de prescindir del otro, ya sea por razones sociales, afectivas culturales o de escasa disponibilidad y accesibilidad de hombres.

En consecuencia, lo que en la actualidad es realidad lograda por la ciencia, desde tiempos remotos y a causa de la limitación de conocimientos sobre el funcionamiento del cuerpo humano, se imaginó, vislumbró, profetizó, o tal vez se deseó, desarrollándose una mitología cuyo centros han sido los embarazos logrados sin la mediación del hombre, por la agencia de piedras fecundantes, aguas, meteoros, rayos de sol o de dioses, divinidades y espíritus que adoptan formas animales o humanas.

He ahí los íncubos judíos y la maternidad *cuasi* espiritual de la Virgen María. En varias mitologías, la madre es fecundada por una aparición onírica, concediendo al sueño materno un carácter profético y fecundante.

El hijo de esta fecundación sin varón estaría llamado a ser un genio, un profeta, un héroe, un libertador, o, como el judío Jesús, un Dios-hijo. Así se construye la mitología finesa y tártara; similar sucedería con la historia del Buda, de Quetzalcóatl y, como mencionamos, del Cristo nazareno.

En las culturas matrifocales, hacia las cuales quizá y con tantas variantes como sociedades y posibilidades de desempeño femenino existan parece que vamos de vuelta, se prescinde del padre, el parentesco es matrilineal y la primacía de la mujer tiene un trasfondo andrógino, según queda dicho. En esta la diosa suprema y las divinidades principales son hembras que cuentan con algún recurso viril para lograr la partenogénesis, o sea, la autofecundación.

Isis, por ejemplo, nos la han dado como masculina y femenina a la par. Es negra, como algunas de las vírgenes cristianas, y tiene un único hijo, Horus, que reproduce a las parejas ya evocadas (Astarté y Baal, por ejemplo).

Los panteones

La negrura de Isis denota la oscuridad de la tierra y de la noche, en tanto su famoso velo evoca la posibilidad de recobrar la virginidad; habría que preguntarse si no andaría por ahí el origen del simbólico velo que se impuso a las mujeres para entrar en los templos católico-romanos, y el que todavía lucen tantas novias ignorantes del punto de procedencia de esa costumbre.

Aún ciertas diosas o divinidades femeninas griegas del ciclo olímpico, es decir, del dominante celestial-masculino, conservaban la capacidad partenogenética y la posibilidad de una virginidad cíclica y renovable.

Las diosas Hera, Artemisa y la misma Atenea cumplen tareas que se dan como viriles (pensar, hacer la guerra). Atenea tiene padre pero no madre, y protege a Heracles, que es un héroe solar, lo que es decir de signo masculino.

Ella es, como Artemisa, una virgen estéril y fóbica del matrimonio, lo que en el despectivo vocabulario que luego emergería cargado de misoginia y que llega hasta nuestros días, sería calificada como "machorra", es decir, que no da frutos o hijos, que como mujer es improductiva y por tanto inútil, inservible.

Y esta última apreciación va estrechamente ligada al pensamiento patriarcal, al sexismo del macho para quien la mujer "productiva" y por tanto valiosa es la paridora; pero es pensamiento que conserva en su génesis la idea del hombre sin participación en el proceso de la creación.

Entre María y Jesús se repite el esquema de la maternidad virginal y de la concepción onírica, sólo que «traducido» al código patriarcal semítico. Según el relato mítico bíblico María fue fecundada indirectamente por un Dios-hombre-paterno. Pero éste puede asimismo definirse con las palabras de Isis[16]: "Soy todo lo que es, fue y será, y ningún mortal ha alentado en mi velo".

Si se prefiere, en el misterio mariano Isis se desdoblaría en una madre virginal y partenogenética y un padre celestial, que engendra por medio del Espíritu Santo. Oblicuamente, se estaría produciendo un incesto, pues si Dios es el Padre y el Hijo, María es esposa y madre del mismo hombre.

Aunque esta no es interpretación conveniente a los dogmas y enseñanza de la Iglesia católico-romana, siempre tan renuente a cavilar sobre la sexualidad y a imponer arbitrariedades al respecto.

Para lo que nos importa, hay que señalar que la articulación del orden matriarcal ha sido ágrafa y de tradiciones orales, algo que se adentra en la historia; es meritorio recordar que Cristo predicaba por el habla: la única vez que escribiera, nos han transmitido, lo hizo sobre la arena, y las aguas borrarían sus palabras para siempre.

Es así como en el Paleolítico, hasta el 10,000 coincidirían dos grupos míticos en el Medio Oriente, simbolizados uno por los principios femeninos (lunares) sobre la consideración sagrada de la naturaleza, con la representación de la "gran diosa-2 de la vida y la fecundidad; el otro sobre la base masculina (solares) y en el cual la cacería y la matanza conformarían el acto ritual, la muerte ya se entendería como el reverso de la vida y como fuente de inmortalidad desligado de la mujer que concibe la vida, que proviene de un principio masculino creador.

Para el Neolítico, como antes señaláramos, el mito del cazador se desvanece, creciendo la figura de la diosa y de la divinidad como Gran Madre, que daría origen tanto a lo femenino como a lo masculino.

Es muy difícil el rastreo de esta etapa debido a las teorías construidas con tanta posterioridad al período estudiado, teorías sobre las organizaciones sociales proto y pre-históricas que han sido articuladas y sustentadas de forma patriarcal y hasta misógina.

La dificultad en el estudio de esa etapa se agudiza con la santificada asunción androcéntrica de que fue el hombre el único manufacturador de utensilios y herramientas y el sólo responsable de todo el arte paleolítico, el cual se ha interpretado erróneamente como una representación de la actividad "mágica" de la cacería, idealización de la crueldad y de la violencia, de la imaginería guerrera y de escenas de batallas.

La historiografía occidental se ha centrado en estudiar los conflictos nacionales, desdeñando los antagonismos sociales, especialmente en las épocas donde la polarización correspondía a la controversia masculino-femenino, en especial el milenio anterior a nuestra era, los primeros tres siglos de nuestra era y en el inicio de la llamada Edad Moderna, entre los siglos XV y XVII.

Se impone sistematizar aquí varios elementos mencionados en la introducción de este texto. Veamos. En general se piensa de la bacante y la amazona como invenciones de la mitología griega; de los gnósticos como una herejía cristiana (con procedencia pre-cristiana) y de las brujas como pobres víctimas de la ola de superstición que precedió a la revolución industrial.

Estos tres fenómenos: la bacante, el gnóstico y la bruja, no obstante, son manifestaciones de otra manifestación análoga, con características comunes: digamos que, el mito de la amazona y la bacante nos interesa, luego de tres milenios, porque el cristianismo ha sido la única de las grandes religiones históricas occidentales sin sacerdotisas.

Por eso lo más destacable de estas rebeliones femeninas es que en las mismas han persistido las trazas de una cultura alternativa de igualitarismo, de libre albedrío y de liberación sexual. Ante la llamada agitación de las bacantes se afirmó el patriciado helénico;

el movimiento gnóstico tuvo su contraparte vencedora en la iglesia de Roma y la herejía femenina (las brujas) fue aplastada por el poder parlamentario patriarcal y el puritanismo.

La respuesta a este movimiento contestatario al poder patriarcal fue la represión de los "herejes" (como el caso de las brujas) y una nueva afirmación de valores culturales de racionalidad patriarcal, con la imposición de tabúes sexuales que ha concedido a la hegemonía masculina sus bases más sólidas; en particular el control de la ideología oficial (religiosa o política), de los símbolos de la cultura y del instrumento reproductivo humano: la mujer y la conducta sexual.

En cada uno de esos momentos históricos han librado batallas de persistencia las féminas. Han obtenido victorias pírricas y de desbordada violencia sus pares masculinos, que les envuelven en la espiral de tener que ejercer en el futuro mayor violencia porque la resistencia activa de ellas se repliega mas no cesa.

Los anales de las primeras sociedades agrarias, el Neolítico, refieren de un tiempo en que las mujeres y los hombres vivían en cooperación, de un largo período de paz y prosperidad. En este horizonte antiguo, donde la fuente de la vida, de los poderes nutritivos del universo y del relacionamiento con el mundo de los espíritus eran reconocidos en la mujer, el poder divino no estaba simbolizado en el hombre sino en la mujer, y la sociedad estaba organizada de forma diferente a la actual.

La civilización

El término "civilización" (a lo Arnold Toynbee) está relacionado a una sociedad que existió en determinado lugar y tiempo, una etapa en la historia humana de tribus, ciudades-estados e imperios territoriales. Vista por la antropología sociocultural la civilización[17]: "en sentido estricto, el ámbito cultural creado especialmente por la técnica y que está ajustado al tren de vida".

De acuerdo con muchos autores, a partir de un sustrato cultural en el Paleolítico Superior, que puede remontarse a 30,000 años y finaliza con la caída de Creta, hace sólo 3200 años, es decir, un espacio de milenios varias veces el de la historia que arranca a partir del calendario de el Cristo, puede ubicarse un estadío del acontecer humano donde existía esa referida cooperación entre los sexos masculino y femenino, donde la herencia se realizaba por vía matrilínea, y de este tipo de sociedades la cretense habría sido en occidente la última observable.

Definir la cultura es necesidad del ámbito de la comprensión de nuestras sociedades devenida en obsesión no siempre bien encausada; más o menos cristalizada, se tiende a definiciones exageradamente abiertas o excesivamente restrictivas.

A los efectos de la presente narrativa histórico-antropológica definiremos la cultura como el patrón de conducta y actividad que distinguen a los humanos de los animales, abarca las resultantes cognitivas de ese proceso y los productos incluso tecnológicos de ese conocimiento.

Las primeras comunidades se organizaban de manera tribal para asegurar la supervivencia, pues su dependencia era exclusiva de lo proporcionado por la naturaleza. En estas, la ley del clan permanecería invariablemente por encima del individuo. Esas antiguas "civilizaciones" respondían a una específica tecnología de comunicación y de energía utilizada.

El homo utiliza un grupo de herramientas a partir de un patrón estándar cuya información abstracta se transmite de un lugar a otro por intermedio de un lenguaje simbólico que no puede compararse con el de ningún otro animal, pues permite registrar las ideas y las técnicas de supervivencia. Así, la evolución del homo terminó gestando cientos de culturas ocupando con estas cada medio habitable de la Tierra; algunas interrelacionadas, otras aisladas.

Las comunidades aldeanas agrícolas no requerían de todos sus habitantes para la producción de alimentos.

Luego de las temporadas de siembras y cosechas, estaban en condiciones de dedicarse a actividades como la confección de herramientas, la construcción de sus viviendas y de sus lugares de culto.

Esta revolución agrícola se reflejó en la tecnología y en las artes. La metalurgia comenzó a desarrollarse por el 3000 a. C., aunque su generalización para los instrumentos agrícolas demoró varias centurias y, en algunos casos, milenios.

Hacia el año 2500 ane, habría comenzado la domesticación del caballo en el Asia Central, sitio donde andando el tiempo habitarían poblaciones de reconocidos cuidadores y domesticadores de este animal así como de experimentados jinetes. En el 9000 ane, se irían asentando los nómadas, con la subsiguiente fundación de las primeras ciudades

Las más antiguas serán: Abu-Hureira (9500-8500 ane), Mureybet (8500-8000 ane), a orillas del Éufrates, Jericó en Palestina y Catal-Hüyuk en la meseta de Anatolia[18] y Mallaha en Israel son hasta ahora reconocidas como ejecuciones de la cultura matrifocal.

El cultivo de cereales, granos y plantas comestibles sería notable recurrente en los caseríos de Abu Hureira y en Mureybet.

Mureybet fue fundada por los llamados natufienses, pueblos semi-nómadas, especializados en la caza esporádica, detentadores de una sistemática cultura forrajera y recolectora.

Mureybet fue apenas un emplazamiento con rústicas viviendas en forma circular, construidas con madera y arcilla, donde se cocinaba en medio de la habitación.

Las viviendas eran de piedra y de barro con ramas alcanzaron permanencia, posibilitando la acumulación de posesiones y entre estas de ornamentos, utensilios, vasijas y el almacenamiento de herramientas. Los residuales instrumentales de esa ciudad abarcan hachas, destrales, hoces para la siega y la piedra pulida.

Hacia el 7,500 se empezó a cultivar el trigo en Jericó, y se domesticaron el cerdo y la cabra. Por esta época la agricultura y la ganadería llegaron a la Alta Mesopotamia[19]. Palestina continuaba a la cabeza de la civilización: Hacia el año 7,000, las viejas cabañas circulares habían sido sustituidas por casas de planta rectangular, subdivididas en habitaciones y con las paredes y el suelo cubiertos de arcilla.

Sus pobladores enterraban a los difuntos bajo sus casas, pero antes les separaban el cráneo, lo cubrían de arcilla y lo adornaban con pinturas. Esto indica un complejo ceremonial religioso.

Los asentaron de estas comunidades en la región estuvieron favorecidos por los cambios climáticos resultantes del término del período glacial, que transformó la región en una fértil sabana.

Jericó y Catal-Huyuk

Los poblados de Catal–Hüyuk y de Hacilar pertenecen a culturas venerantes de las diosas; allí se estableció una sociedad no estratificada, sin clases o tutela de género, con un igualitarismo masculino–femenino y evidentemente matrifocal, donde los humanos y las mujeres se desempeñaban como sacerdotes.

Para el 8000 ane el emplazamiento prosperaba y las construcc-iones se hicieron más solidas, utilizándose la piedra. Allí tendría lugar el primer desarrollo de la cerámica y de la agricultura laborada con surcos; entre los alimentos fundamentales de ese grupo apareció el pan.

Los nafutienses dispusieron de alacenas con tinajas enterradas. Estos conocieron el crecimiento demográfico debido a las bondades de la agricultura, al mejoramiento de la alimentación, a la seguridad que se proporcionaron empalizando su recinto empalizado; a su vez, esa seguridad y la alta concentración humana funcionaban como garantías contra los ataques de las fieras salvajes y de otros humanos que proporcionalmente a la especie no serían menos salvajes que las fieras.

Al 7000 ane, correspondería el apogeo de la era neolítica mesoriental, con la domesticación del ganado menor y el cultivo de cereales, como la cebada y el trigo.

De esa fecha datan las primeras construcciones del sitio neolítico de Jericó, con murallas pétreas que elevaron entre 5 y 7 metros, a las que dotaron con varias torres de 12 metros de altura, accesibles por escaleras de piedras. Jericó albergaría por la época alrededor de 2,000 personas, en casas circulares con ladrillos de arcilla y vigas de madera dura, con hornos y chimenea. Todo un lujo para la época y el espacio físico. Un confort impensable e inalcanzable para los humanos que les precedieron.

Llama la atención en las evidencias arqueológicas la obsesión que sus pobladores desarrollaron por el culto a las diosas, a las divinidades maternas y a los antepasados, a los cuales rememoraban conservando sus cráneos y modelando en arcilla sus facciones.

Acogiendo esos indicios, se concluye que los poblados de Catal-Hüyuk y de Hacilar pertenecen a culturas venerantes de las diosas y divinidades femeninas; allí establecieron una sociedad no estratificada, sin clases o tutela de género, con un igualitarismo masculino-femenino y evidentemente matrifocal y matrilocal, donde tanto los hombres como las mujeres se desempeñaban en el sacerdocio.

La localidad neolítica de Catal Hüyuk (6,250 al 5.400 ane) albergó una población de 5,000 a 6,000 personas distribuidas en un millar de viviendas, cuyas puertas en similitud a lo sucedido en un panal de abejas daban hacia sus resistentes techos; al morir los moradores de las casas, estas servían además de sepulturas. La ciudad, carente de calles, se habría desarrollado a partir de una zona muy fértil que servía para el cultivo de variedades de cereales, y estaban cercanos de abundantes yacimientos de obsidiana.

Las estatuillas femeninas provenientes de la villa de Catal Hüyuk, con pronunciada esteatopigia, se ha comprobado que estaban asociadas al culto de la Diosa Madre, una Venus de la fertilidad. La artesanía era destacada y se denota una producción amplia de productos para el maquillaje femenino, cabiendo suponer que la suficiencia femenina tendría lugar destacado y, por qué no, la seducción, pues esta no forzosamente tiene que acarrear sumisión ni baja autoestima de la mujer.

Otro poblado similar en tiempo y situado en la misma área, el de Hacilar, produjo un número importante de estatuas de barro femeninas, del mismo modo con marcada esteatopigia. Queda por dilucidar si ello obedecería a la reproducción de las características corporales de las féminas de la zona o contendría algún otro contenido simbólico.

En el 6000 ane, las sociedades totalmente agrarias se expandieron incluso en territorios marginales como las llanuras aluviales de Mesopotamia, Transcaucacia, Transcaspia, Creta y Chipre[20]. Así surgieron las pequeñas aldeas de Tell-Hassuna, Tell-

Halaf y Samarra[21], que construyeron sus habitaciones espaciosas y de barro, mostrando un artesanado de mayor elaboración.

De Samarra, en los bancos del Tigris, destacan sus regadíos agrícolas, sus jarrones decorados conocidos como Samarra y sus pintadas esculturas de mujeres. En Cayonu, otro sitio neolítico, al norte de Siria, donde se trabajaba el cobre y se inició el uso de ladrillos de barro, también aparecieron figuras similares de diosas o divinidades maternas.

En el 5,000 ane, se impulsarían el urbanismo y la arquitectura, la metalurgia del cobre y el culto a la Diosa Madre. En el 4,400 ane, surgió la ciudad de El-Obeid, en la desembocadura del Tigris y el Éufrates, cuya función sería controlar la agricultura circundante por medio de un complejo trabajo de drenaje de pantanos y la canalización de las aguas hacia zonas secas, para ser utilizadas en el cultivo cerealero y de la palma datilera.

En El-Obeid se descubrió la metalurgia para la fabricación de instrumentos de trabajo, ornamentos, útiles personales, de la vivienda y de las armas de combate, y allí el cobre comenzaría la sustitución de la piedra.

En lugares tan lejanos como en Harappa y Mohenjo-Daro, en la India, se ha coleccionado un número elevado de figurinas femeninas de terracota que representaban diosas o divinidades femeninas.

En las culturas megalíticas del oeste europeo, por ejemplo en Stonenhenge y Avebury, en Inglaterra, llegando hasta la isla de Malta, se erigieron santuarios para oráculos y ritos de iniciación donde la Diosa Madre, señora de las aguas, los pájaros y el mundo subterráneo, desempeñaba el papel central, acompañada de sus serpientes y mariposas, símbolos de la metamorfosis[22].

Es destacable que el transporte y alineamiento de los enormes bloques de piedra con los que realizaban aquellas construcciones, alineamiento que efectuaban acordes con los movimientos solares y lunares, requerían de un conocimiento complejo de las matemáticas, la astronomía y la ingeniería. Resaltan el santuario neolítico de las diosas o, como precisáramos, tal vez y con mayor rigor conceptual, divinidades-madres, en Somerset, Inglaterra, y los símbolos de la Madre Tierra entre las tribus Hopi de Arizona.

Con anterioridad al 4500 ane, se adoraba a las divinidades-madres en su función de amante de los animales salvajes, muchas de ellas andróginas o hermafroditas. Luego, tras la generalización de la agricultura, muchas deidades se transfiguraron en diosas y divinidades maternas de los granos.

Enlazado a estas a menudo se distinguía una divinidad masculina subordinada, manifestada en una fisonomía cornuda, presumible anticipo de las fuerzas que adquiriría cuando alcanzara independencia de la diosa-madre o divinidad materna.

La gens matriarcal

La célula cardinal de la sociedad Neolítica era la "gens" matriarcal, donde la mujer ostentaba un papel fundamental, de paridad con el hombre, no inferioridad; por línea materna se computaban los grados de parentesco y se transmitían en herencia los bienes personales. Esta importante posición de la mujer emanaba de su aporte decisivo a la economía doméstica y en la agricultura, y no sólo de su consideración como el ente de la fertilidad humana.

En aquella comunidad no existían las guerras en gran escala, la esclavitud ni el gobierno jerárquico; el clan, ese grupo de personas vinculadas por un imaginado o real ascendente común, más que el núcleo familiar o el Estado, era la unidad esencial de esa organización social, en donde las funciones primordiales estaban divididas justamente entre ambos sexos, disfrutando la mujer la participación en cualquier categoría de alto status, como artista, cazadora, recolectora, sacerdotisa, por lo que fue esa una estructuración social en la cual no existían grupos o claques que monopolizara los medios sociales coercitivos.

Casi todos los fundamentos tecnológicos materiales y sociales de nuestra civilización fueron desarrollados antes de la imposición del patriarcado, en la sociedad matrifocal neolítica, como los principios de la producción de alimentos, la tecnología de la construcción, los recipientes, las vestimentas, el uso sofisticado de recursos naturales como la madera, las fibras, el cuero.

Las primeras urbes agrarias apuntarían la dirección en que se habría de desarrollar el humano: las concentraciones urbanas; en aquellas se iniciaría el trabajo de la artesanía, la construcción de viviendas, de hornos con altas temperaturas, iniciaría una extensión considerable del comercio, sería descubierta la metalurgia del cobre, y se desplegaría la producción de objetos ornamentales.

Las mujeres, sin dudas, gestaron los principios de la agricultura, así como una impresionante lista de técnicas e instrumental de laboreo y mantenimiento, lo cual podría tener sustento en su preocupación por la alimentación de sus descendientes y en la propia, que le dotaría de una sensibilidad generadora de actitudes y aptitudes para la búsqueda y especialización de toda actividad relacionada con el alimento material.

Su condición de principal proveedora de alimentos concedería y sostendría a la fémina en un status de paridad con el hombre.

En ese extenso período de matrifocalidad iniciaría la especialización de la artesanía y el intercambio comercial, actividades esenciales para el mejoramiento del funcionamiento de sociedades en ampliación y con crecientes necesidades materiales y psicológicas.

Por entonces también se establecerán los cimientos no tecnológicos más valiosos como las leyes, el gobierno, la danza, el drama, la literatura oral, el arte, la arquitectura, la planificación urbana, el comercio y la religión, precisamente en respuesta a la satisfacción de las progresivamente crecientes y diversificadas necesidades de los humanos.

Ese sería el contexto físico, tecnológico y, en general, cultural en el cual de manera natural se iría instaurando la veneración de la Diosa-Madre, que supuestamente representa la fertilidad de la agricultura, demostrando que el humano traía del Paleolítico una intensa espiritualidad y la idolatría por lo femenino.

Esa veneración, que inicialmente tendría lugar en recintos abiertos[23], paulatinamente iría ocupando espacios que con visiones actuales pudiéramos catalogar como de recogimiento, sitios al uso para la expresión sin contenciones o con la contención de las normas que se fueran estableciendo para ello, de la espiritualidad.

Sitios que estarían coligados a las condiciones climatológicas en las que se desenvolverían esas comunidades humanas. La que lo hicieron en parajes cálidos estarían en condiciones de realizar sus rituales y cultos religiosos al aire libre; las que sobrevivían en climas fríos, se procurarían el amparo de las cuevas.

Esos sitios ya sacralizados y en principio tomados de la propia naturaleza, como los bosques y las cuevas, posteriormente se construirían especialmente para esos fines, quedando establecida desde aquella distante época histórica la edificación especializada en funciones del culto religioso, a la cual se le iría invistiendo de poder en sí misma.

Esta última cualidad, o sea la edificación religiosa envestida de poder, se reforzaría siglos después con la monumentalidad y opulencia desplegada en sus construcciones, pese a que desde la existencia de los primarios espacios naturales de culto habrían sido representados en la subjetividad como "la casa de" la diosa o de la divinidad, en este caso en su prestigiada encarnación materna.

El sistema de matrifocalidad produjo el resultado técnico-material sin el cual la civilización no hubiese prosperado: la domesticación de las plantas y los animales. Aquella sería una civilización aldeano-campesina con un extenso conocimiento de la agro-técnica y del comportamiento y variación de las estaciones que implantaría la agricultura más compleja que el humano lograra hasta entonces.

En sus técnicas agrícolas introdujeron el arado y la tracción animal, además de un sofisticado sistema de canalización de los ríos, con canales tan grandes cuyos cauces alcanzan hasta 20 metros de ancho.

La mujer y la farmacopea

El conocimiento agrícola de la mujer llevó al desarrollo de una farmacopea vegetal realmente impresionante, basada en la observación empírica y de la cual con ignorante torpeza y prepotencia se desharía centurias más adelante un mundo occidental excesivamente preocupado por una estrecha racionalidad que censurara y recriminaba toda sabiduría ancestral.

Si bien los sumerios sistematizaron la escritura, asociada al control comercial y administrativo, existen evidencias de que las primeras formas simbólicas grabadas de comunicación, e ideogramas proceden de un período anterior del hasta hoy considerado, en el Paleolítico-Mesolítico, y la escritura en el Neolítico, relacionada con los ritos espirituales de las diosas y divinidades madres, como lo atestigua las tablas de Tártara y un sinnúmero de signos en figuras y cerámicas del sitio arqueológico de Vinca (5,300 al 4,000 ane), cerca de Belgrado, el grupo cultural de Tisza, el de Karnovo en Bulgaria, así como en otros asientos pre-históricos[24], en donde hay rastros de la escritura lineal[25].

Casi todos los fundamentos tecnológicos materiales y sociales de nuestra civilización fueron desarrollados antes de la imposición del patriarcado, en la sociedad matrifocal neolítica. Allí estuvieron los principios de la producción de alimentos, de la tecnología de la construcción, de la confección de recipientes y vestimentas, del uso sofisticado de recursos naturales como la madera, las fibras y el cuero.

Las primeras urbes agrarias en ese período establecidas apuntarían la dirección en que se habría de desarrollar el humano: las concentraciones urbanas, que condujeron al cosmopolitismo que hoy nos caracteriza y que en la era actual, plenamente urbana indican datos estadísticos de la Organización de Naciones Unidas, concentran más de la mitad de la población mundial.

En retroceso hacia aquellas primeras urbes resumidamente nos topamos con que allí, en sus antiguas culturas urbano-agrícolas se iniciaría la creación humana de los resortes económicos, culturales y materiales que luego propiciarían la expansión de la civilización; por defecto y como negación se consolidarían en estas los principios políticos que luego tan aviesamente nos han venido rigiendo, con su carga de guerrerismo y de todo tipo de violencia incontrolada que contiene el sexismo del prepotente macho.

Entre los resortes propiciatorios de la expansión civilizadora estuvo la matrifocal concepción espiritual-religiosa centrada en la mujer, en la divinización de una maternidad que aquellos humanos no comprendían pero que les seducía e intentaban descifrar.

De ahí la veneración a la diosa o a la divinidad femenina y materna, protectora de mujeres y de hombres a los que otorgaba la vida y a quienes acogía tras la muerte. Porque la diosa, a diferencia del dios que vengativo y arrogante la sustituiría, no era esquiva para sus veneradores con los que se mantendría en constante interrelación. Esa no era figura para hacer la guerra; a ella no era necesario dotarla de atributos guerreros ni que despertaran temor.

La diosa o divinidad-madre era la respuesta necesaria a un tipo de organización socioeconómica de colaboración, y en consecuencia de ese orden surgiría ella, sabia y justiciera pero sin crueldades, exponente de indulgencia y comprensión como no sería su sustituto, atributos que para ella no rivalizaban con la inteligencia, con la articulación de un pensamiento armónico entre sus fieles que iría en correspondencia con las maneras en las que se apropiaban del medio y lo transformaban en recíproca relación propiciadora de la gestación de cambios.

Sociedades conformadas en la reciprocidad, no necesitarían del control del pensamiento que luego establecerían los hombres con su sistema patriarcal. Aquellas sociedades no precisaban de la función restrictiva y coercitiva de "la culpa" y del "pecado" que les sucederían en el orden patriarcal.

Por eso sus diosas y divinidades femeninas podían permitirse la bondad y la sabiduría en iguales medidas, representando desde la superestructura una institucionalidad que les legitimaba en la estructuración socioeconómica y política. Las mujeres, en aquel sistema, gozaban de autoridad y no precisaban de ejercer poder, modo de comportamiento impositivo y coercitivo que correspondería al guerrerismo del sistema patriarcal.

La función materna

Acorde con ello, los rituales comunitarios y de solidaridad tendrían mayor significación y presencia que los individuales, pues la conexión entre los miembros de la comunidad prevalecería sobre la individualidad. Eso quedaría expresado y en paralelo acentuado en el carácter congregante y congregatorio de las divinidades-madres a las cuales dan vida y que les auxiliarían en la sistematización y reproducción de su ordenamiento social.

Como las mujeres de entonces, las diosas y divinidades femeninas gozaban de autoridad, por ello su concreción y no la abstracción propia del futuro Dios patriarcal, que correspondería a las distantes pero impositivas funciones atribuidas al padre. Pero esto último es objeto de otro espacio en este texto, ahora la centralidad la ocupa la Diosa-madre o la divinidad femenina y materna.

Las percibamos como diosas o como divinidades, la función materna de estas figuras simbólicas en su mudez nos comunican desde las maneras en las que fueron representadas estimulando nuestra imaginación y satisfaciéndonos la necesidad de hallar, desde la diversidad de hipótesis, explicaciones a nuestro más remoto pasado como especie.

La explícita asociación que hallamos en las estatuillas encontradas -desde otros códigos culturales identificadas como Venus-, con animales como el búho, el carnero, el pájaro, el pez, el oso y la serpiente, entre otros; la exagerada representación que en muchas se hizo de los senos, la vulva y las nalgas; las posiciones en las que fueron esculpidas, dibujadas o grabadas mostrándosenos con las manos sobre un protuberante vientre o como parturientas, protectoras, grávidas, amamantadoras.

La figuración de esta como ser andrógino o bicéfalo o metamorfoseada en una unicidad de mujer y animal, todas esas asociaciones pudieran tomarse por alegorías de la estructuración psicológica de aquellas comunidades y de la espiritualidad que de esta emanaría, con la consecuencia en rituales y cultos, en una estructuración religiosa determinada a partir de un contexto socioeconómico y cultural en el cual la mujer era eje central y, en torno a la cual y desde la sabiduría acumulada hasta ese momento se construiría su cuerpo mitológico.

En ese mundo cultural la estructuración mental asumiría al hombre como secundario en el proceso de elaboración de su complejo religioso, de su mitología, de las representaciones simbólicas e iconográficas.

El hermafroditismo de la representación de la deidad materna pudiera estar sugiriendo la autosuficiencia de una hembra que sabiéndose cuerpo-morada de la cría, ignoraba de qué forma esta era concebida, cuál sería el rol del hombre en ese proceso.

El diferente imaginario sexual

No es inusual y no debería tenerse por inaudito que el hombre apareciera simbólicamente representado como auxiliar en el desempeño de funciones en las cuales ella tendría rol fundamental, como es la propia alimentación.

Así, aparece él iconográficamente como divinidad de la vegetación, fundido con animales como la legendaria figura del centauro o exhibiendo su falo, en posición en la que únicamente desde una mentalidad contemporánea sería posible querer y creer descubrir pornografía, pues los órganos sexuales masculinos y femeninos en época en la cual las circunstancias sociales producía una mentalidad que construiría imaginarios diferentes a los del presente.

Así se regirían otros valores y presupuestos éticos, además que se desconocía la trascendencia de la cópula, no es muy dable que la pornografía fuera una realidad según la apreciamos hoy posicionados en otras circunstancias y cuadro ético.

Es notable el hecho de que la figura mítica de la divinidad-materna, pese a la imposición de la estructura patriarcal de rígido contenido sexista del macho, no pudiera ser desplazada del imaginario de la humanidad. Pudo usurpársele la centralidad de su atención y revestírsele de inferioridad pero, en todo caso, como en el arrogante, intolerante y opresivo cristianismo que se abroga la universalidad, subsiste la deidad-materna en paradoja con la tríada masculina constituida por Dios-Padre, Dios-Hijo y Espíritu-Santo.

A María, madre del Jesús-Dios-Hijo y, en rigor, madre del hijo del Dios-Padre, no han conseguido eliminarla pese a la arrolladora estructuración exclusivista y excluyente de la Iglesia católico-romana y las dadas por más racionales estructuras de las Iglesias cristianas surgidas de la Reforma luterana y aún después.

Que el culto mariano es de práctica más extendida que la interrelación humana con ese frío, severo y lejano Dios-padre, cuyo hijo aparece en repelentes imágenes de un sangrante humano clavado en una cruz, se encargan de reafirmarlo las numerosas advocaciones que esta tiene en casi cada punto en que el cristianismo es conocido aun si es allí minoritariamente practicado.

El poder jerárquico del cristianismo católico pronto aprendería que no podría difundir su prédica, sus dogmas y normas, que le sería casi imposible sobrevivir, sin la figura de una María a la que desde entonces utiliza como símbolo de sufrimiento, de sacrificio, de una brutal virginidad que se supone la mujer debe desear, perseguir, cultivar, atesora y hacer proliferar.

La paradoja estaría en que el mismo pensamiento creador de la estructura desterradora de la mujer hacia el submundo de lo invisible, no podría prescindir de ella en su reproducción biológica, cultural, material si bien no la reconociera y luego únicamente lo hiciera como subalterna.

Ahí está la revancha de la diosa y de la divinidad materna. Ahí está implícita la revancha con la cual la naturaleza legitima la significación, soberanía y trascendencia de la participación femenina. No es posible para el hombre prescindir de ella en su funcionamiento social y en su reproducción biológica, incluso, cuando ella ya puede prescindir de la presencia del hombre para ambos menesteres.

¿Estaremos de vuelta a los caminos de la centralidad de la diosa?

¿Estaremos de vuelta a la participación divina del dios como acompañante de la diosa, listo incluso para ser cíclica y simbólicamente sacrificado?

Las respuestas a estas interrogantes habrán de procurarse en las transformaciones socioeconómicas, tecnológicas, científicas, políticas, culturales y sociológicas que ya estén aconteciendo en nuestras sociedades.

Parte Quinta

La Victoria patriarcal

La desigualdad

El surgimiento de las desigualdades de castas, clases y la creación de las formaciones estatales no se fundaría exclusivamente en la apropiación del excedente, de la tierra comunal o su renta, ni en la negación del derecho sobre la tierra, en la esclavitud de los deudores o de comunidades desplazadas.

La recolección forzosa de tributos producto de la fuerza o el control militar también figuró como uno de los mecanismos decisivos de esa fundación organizacional de mayor alcance y abarcadora de poblaciones mucho más numerosas.

Las contingencias que enfrentaría y arrostraría el homo ante la inclemencia del clima, la penuria alimenticia, las enfermedades e infecciones, el peligro frente a los animales depredadores y la lucha con otros grupos humanos establecieron un modo de vida, costumbres, mitos y creencias, donde la original y más permanente de entre estas es su idea no del todo extinguida en nuestros tiempos modernos de sujeción a las fuerzas cósmicas.

Desde sus primeros pasos el humano siempre contemplaría e indagaría al cielo, dejando la memoria sistematizada de los resultados de sus indagaciones y observaciones trazados en huesos y astas. También se dará al ordenamiento de megalitos, a levantar torres escalonadas y pirámides, fabricar telescopios, observatorios, antenas receptoras, a lanzar artefactos al espacio e idear cuanto sus necesidades contextuales les vayan imponiendo o creándose necesidades a partir de la aplicación su ingenio.

Con la cosecha de plantas, la domesticación de animales y su explotación para el laboreo y transporte se tuvo acceso de forma estable al combustible y a los alimentos. En lo adelante el homo daría forma a sus teologías cósmicas que se asocian con la potestad gubernativa que va conformando. Esa fusión conceptual engendraría sus filosofías, leyes, religiones y culturas.

Es una autosuficiencia de nuestra parte pensar que exclusivamente existen 4,000 años de historia, a partir de Sumer; u 8,000 años, iniciando en Jericó; incluso 14,000 años, principiando en Tiahuanaco. Antes de la ciudad de Akad, existieron en el Medio Oriente reinos e imperios, ciudades-estados cuyos récords se han perdido en el tiempo; no disponer de medios para verificar y justificar su presencia histórica no significa que les ignoremos o rechacemos.

Todo lo que no podamos explicarnos no necesariamente tiene carácter sobrenatural, no tiene por qué contar con intervención divina; esas capacidades que según criterios de los estudiosos del cerebro uno utilizamos puede que antecesores nuestros las hubiesen utilizado en alguna medida.

El brusco salto en el desarrollo civilizador de la Antigüedad, inexplicable hasta el momento, ha llevado a muchos a considerar la intervención de entes extraterrestres, sobre todo con la invención de la rueda en el Creciente Fértil, 10,000 años antes de nuestra existencia.

En resumen, en las culturas urbano-agrícolas antiguas el hombre creó los resortes económicos, culturales y materiales de la civilización en expansión. Pero el logro más impresionante de la civilización antigua fue el de la metalurgia.

¿Por qué razón la Edad de Bronce antecedió a la del Hierro, aún cuando el hierro se halla en mayor abundancia y su manufactura es mucho más simple que la aleación exacta para producir el bronce? Nuestra extensísima historia humana tiene por develar muchas incógnitas que permanecen muchas veces revestidas por el hálito de la intervención divina. Resulta impresionante y es todavía incomprensible que sin la ayuda de telescopios o instrumentos los mesopotámicos, los egipcios, y los chinos fueran capaces de predecir con mayor precisión matemática que los europeos del siglo XIX el movimiento del Sol, de la Luna y de los planetas, la oscilación del eje terrestre y la consecuente reducción de su rotación con los desequilibrios gravitacionales.

La imposición de los dioses

¿Por qué el Sol y la Luna fueron los símbolos heredados de la Edad de Bronce por todas las civilizaciones antiguas?

La Antigüedad fue el único ciclo de la historia de la humanidad en donde las élites científicas[1], determinaban y regulaban los parámetros por los cuales se regía la vida política y estatal. Así ocurriría en Sumer, Babilonia, el Egipto de las primeras dinastías, entre los Veda y en la China antigua.

El equilibrio económico, social, político se fue alterando en favor de la élite burocrática-militar que precipitó la expansión (¿determinada por las circunstancias o por el instinto humano?), adentrándonos de conjunto en una cultura de la violencia en su totalidad.

Quizás ya desde los inicios estaba planteada la disyuntiva de la humanidad: o nos regimos por la élite científica o por los políticos y militares; una u otra alternativa tiene sus consecuencias ya históricamente constatables.

Acaso aquella era una fase demasiado temprana de la civilización para que lo más racional se impusiera, pero lo innegable es que nos condujo a un destino de violencia del cual no nos hemos liberado.

Ahora lo discutible es si ha llegado el momento en que somos capaces de hacerlo, de emprender el camino conducente a un orden de reequilibrio simétrico de los sexos abarcador de los históricamente construidos paradigmas de género y del andrógino en sus variantes, un reequilibrio que nos movería de-construyéndolos para avanzar en la creación de otros nuestros paradigmas de organización social, de relacionamientos entre los humanos y con el medio ambiente, de visiones de la vida, en fin, nuestra cultura.

La transición de la religión matriarcal a la patriarcal en Occidente se puede ubicar en la isla de Creta, donde los sacerdotes se hacían castrar para físicamente intentar emular a la Diosa y oficiaban vestidos de mujer.

Esa era aproximación hipócrita a la fisonomía femenina, cuya función implícita era lo más importante: la usurpación por los hombres de las funciones femeninas en la medida en que conseguían el establecimiento de su poder.

Es dable conjeturar que ese no fuera proceso que tuviera lugar con planificación alevosa, sino al que las condiciones socioeconómicas conducirían y que los humanos masculinos aprovecharían.

Es probable admitir que habiendo cambiado las condiciones de producción, requeridas de mayores rendimientos con el incremento poblacional y la diversificación de las culturas, con la necesidad de más irrestricto control sobre los medios de producción, la necesidad del cuidado de la propiedad, de procurarse mayor seguridad comunal y ampliar las posibilidades de comercio, la sociedad no habría alcanzado la madurez psicológica necesaria para mantener la armonía entre los sexos y continuar manifestándola en una estructura sociopolítica y económica más compleja.

Se produciría entonces, de manera gradual y cada vez cobrando mayor impulso, el desplazamiento de las diosas y divinidades maternas por parte de los feroces dioses y divinidades masculinas, impositoras de órdenes rígidos y asimétricos, urgidos de jerarquías y de jerarquizaciones e implacablemente determinados a establecerlas.

La imposición de los dioses y divinidades masculinas se convirtieron en una necesidad. Aquella fue una guerra librada en contra de unas diosas y divinidades maternas no guerreras, por tanto, era una victoria segura de parte de sus agresores.

Y la victoria de estos era indispensable, pues sería con lo que la teología elaborada por los sacerdotes justificaría la nueva organización social, basada en una estructura verticalista, violentadora de las relaciones de paridad anteriormente disfrutadas bajo la autoridad de sus antecesoras femeninas.

Desde esa época histórica, en proceso que discurre entre el tercer y segundo milenio ane, quedarían establecidos los férreos cimientos del sistema patriarcal, luego en cada momento y obedeciendo a las características de las circunstancias y de la cultura particular ese sistema ha recibido ajustes, acomodados, se le ha redimensionado.

Pero básicamente se formuló en aquella lejana edad y para satisfacción de la hegemonía del hombre, que impondría su supremacía si fuera necesario con la violencia física y que no ha dejado de servirse para engendrarlo, fundarlo e innovarlo de la religión, cuyos sacerdotes han venido formando parte más o menos consustancial de ese poder patriarcal.

Cuando nos encontramos frente a Marduk, el dios asirio, ya tenemos a una deidad plenamente patriarcal, pues con este se privilegia el vínculo padre-hijo, irrelevante en el matri-focalidad, estructuración anterior donde al ser la madre el eje de la familia y su comunidad aquella a la que pertenece su descendencia, el padre sería desconocido o indeterminado y, en todo caso, su presencia no adquiriría relevancia.

La jerarquía masculina

Una civilización del individuo masculino, jerárquica y desigual, sustituyó con el patriarcado a una cultura fraternal y heterogénea, en la cual la promiscuidad no sería tenida por negativa pues respondía a otros códigos éticos y normas de conducta.

Finalmente se habrán impuesto la asimetría y la dominación a la simetría en todos los órdenes de relacionamiento, horizontales y verticales, a la participación cooperativa.

Con el tránsito hacia la imposición de la severidad masculina quedaría derogada la Némesis maternal, figura de la tierra que auxiliaba a todos los seres vivos en la vida como en la muerte, lo que hacía asentada sobre una base de justicia distributiva, del amor de la madre por sus hijos.

Sin embargo, para tener idea de la trascendencia que seguiría teniendo en las vidas de nuestros antepasados la Diosa-madre, apuntemos que aún tanto Pitágoras como el dios Dionisio en su momento fueron místicos de la cualidad maternal.

Hacia el futuro los románticos revivirían los prestigios del matriarcado como fundacional de nuestra cultura, con anterioridad, sin embargo, se le rechazaría y negaría.

Situados de vuelta en el momento histórico del origen del patriarcado, la venganza masculina hacia la preeminencia de las diosas y divinidades maternas llegaría y con toda la radicalidad de que pudo hacer gala se impondría.

El hombre, que antes figurara como acompañante de la diosa, en funciones de hijo o esposo, el hombre que en esos roles debía cíclicamente morir para que la vida se regenerara y prosiguiera, se impuso de manera inefable y violenta: ahora sería el Dios-padre, el gobernante, el sacerdote, y la mujer progresivamente pasaría a ser su sirvienta.

La presentación todavía actual de la mujer como "la hija de", "la madre de", "la esposa de", arrancaría allí para acompañarnos incluso en tiempos de militancia feminista, de mujeres gobernantas (aunque en mínimo porcentaje respecto a la población mundial), de mujeres ampliamente influyentes y reconocidas en las ciencias, los deportes y en todas las esferas de la vida pública.

El poder sobre los humanos

La vieja estructura patriarcal no ha sido tocada en sus cimientos; el orden continúa aunque vayan haciéndose heridas que pueden en algunas esferas llegar a ser quiebras. Ellos siguen detentando el poder; ellas van reconquistando la perdida autoridad.

En una extensa relatoría historiográfica sería posible mencionar la totalidad de la aparición de dioses y divinidades masculinas investidas de paternidad y de fortaleza física, de virilidad y violencia, propiciadores del temor reverencial más que de la admiración afectiva.

Dioses y divinidades detentadores de poder sobre los humanos y expresiones del poder masculino sobre la humanidad femenina. En todas las culturas occidentales y aún en otras, con sus características contextuales, hicieron aparición esas criaturas divinas concebidas por las necesidades de los machos de la especie humana.

El sumerio Anú, el Dios del cielo; el cananeo El "padre de los dioses", paradigma del judío Yahvé[2]; los egipcios Set y Horus, el griego Zeus[3], "padre de todos los dioses", el fálico Shiva del hinduismo (siglos después), todos ellos actuaron como ladrones de las funciones de las diosas y divinidades-madres, asumiendo la revancha por la condición de colaboradores transitorios de las féminas divinas que antes tuvieran. Para el desagravio y compensación de ellos adoptaron represalias con ellas, que serían entonces sus colaboradoras sacrificadas y sufrientes o, en el mejor de los casos, sus esposas.

Los judíos adoptan a Yavé, héroe de una diosa cananea, Asherá, de carácter agrario y telúrico. El rey judío Salomón, hacia el milenio antes del Cristo, mandó a erigir un templo a Yavé en Jerusalén, como dios común a las doce tribus de Israel, que completan un ciclo solar para ese tiempo ya decididamente viril.

Algunas teólogas consideran que los judíos son un pueblo de origen matriarcal, como se advierte en que la condición de judío ha sido tradicionalmente y por tan extensa cantidad de siglos transmitida por la madre. También se aduce la amplia presencia en la Biblia de figuras matriarcales: María, María Magdalena, Sara, Rebeca, Raquel, Lea, Marta. La mujer reaparece como fundacional en la remota raigambre semítica, que llegaría hasta Cristo y el profeta Mahoma.

En cualquier caso, el pasaje de la victoria patriarcal divina implica no sólo una transición de las economías y formas de vida vinculadas a la agricultura y la caza a las vinculadas a la ganadería y la guerra, sino un complejo, radical y trascendente cambio cultural: de la cultura telúrica se discurre hacia la civilización solar y olímpica, de la venganza de sangre y los sacrificios humanos hacia los juicios ante tribunal, las expiaciones y las liturgias incruentas.

Las culturas de la India y China, totalmente desconocidas en Occidente, resultan tan valiosas para la humanidad como las de Grecia y Roma, tan patriarcales como aquellas y posiblemente más rígidas o con mayor tiempo de predominio de un severo sistema de rigidez.

Habría en este punto que esclarecer que Grecia no es una civilización europea; el origen de su mitología religiosa, de sus logros técnicos, de sus cuerpos jurídicos y estructura estatal, y de su pensamiento filosófico encuentran su foco matriz en su parte asiática y en el Egipto faraónico. Incluso, el Imperio romano es una suma de las civilizaciones que engloba desde el Marruecos montaraz al Mar Caspio; por esa razón, el cristianismo, la ideología religiosa más poderosa del occidente, no cobra impulso inicial en Europa, sino en el África romanizada.

Las hipótesis de Bachofen y Frederick Engels apuntan a la extinción de la sociedad cazadora, la generalización de la cultura sedentaria planteando la tensión social por la jerarquía, y el establecimiento del poder que dio fin al matriarcado y de la cual deriva la Grecia clásica histórica.

Hay quienes consideran que la conclusión de la sociedad matriarcal se debió a factores internos como la afirmación de una organización del trabajo más rígida y a la acumulación de riquezas, y a factores externos como la patriarcalidad invasora y la guerra[4].

Invasiones y matanzas

El paso de la horticultura a la agricultura intensiva, que demandó la incorporación masculina, se vio consolidado con el pastoreo y los productos derivados de la ganadería, además de la agricultura de tracción animal.

La mujer retuvo como actividad económica la de los telares domésticos, la preparación de alimentos y el cuidado de los vástagos; así, para fines del Neolítico, se escenificaban los cambios en la estructura familiar y los patrones de propiedad.

Aún en grandes zonas de la América del Sur, África y en Nueva Guinea, la mujer es una importante productora de alimentos, además de fungir rol esencial en su comercialización: ¿cómo explicar que sea irrelevante y generalmente secundaria su presencia en los grandes emporios comerciales y financieros?

Únicamente es posible explicarlo a través del reconocimiento del ejercicio desmedido, arbitrario y egoísta del macho moderno, reedición del macho que impusiera el patriarcado.

Retrocediendo cronológicamente nos toparemos con que los cambios cruciales en el rol de los sexos acontecieron a finales del Neolítico, período en que la definición dispar en el vestido masculino y femenino se impuso por una sociedad que diferenciaría ambos sexos. En las sociedades paleolíticas y neolíticas imperaban la poligamia y la poliandria.

Las costumbres consagraban estas relaciones familiares conyugales, y nadie las consideraba inmorales. Con el establecimiento del poder patriarcal surgió, en beneficio del hombre, de su poder y prestigio y siempre en un marco nuevo e irrestricto de valores, la familia monogámica.

Esto hizo cambiar radicalmente las ideas acerca de la moralidad e inmoralidad en lo tocante a las relaciones de la familia y el matrimonio; comenzaron a juzgarse como fenómenos inmorales, contrarios a la moral, la poligamia y la poliandria. En Britania, Julio César en sus crónicas se refería a la familia poliándrica, del matrimonio de la mujer con más de un hombre; en ciertas localidades del sur de la India, cuando una mujer se desposaba adquiría también como cónyuges a todos los hermanos del marido[5].

Hace cuatro milenios, en plena Edad de Bronce, se consolidó el rol de los sexos con su rígida construcción de géneros y de las actitudes del actual mundo occidental.

La importancia femenina fue drásticamente reducida, y se asignó a la mujer la responsabilidad social de la procreación numerosa de hijos, necesarios para el trabajo; si bien la mujer aún era responsable de la cosecha cerealera, cuanto más tiempo ocupaba en la gestación más se reducía su importancia económica y aumentaba la única valoración que le era permitida: la de paridora, suministradora de fuerza de trabajo que sería productora de bienes y riquezas. La mujer tenida como maquinaria; ese fue el origen de la cosificación de la mujer

El derrotero de la remota civilización matrifocal quedó interrumpido por invasores de las áreas periféricas de las sociedades de la época, cuya violencia bélica ha conformado en nuestro siglo la amenaza de aniquilamiento de toda la cultura humana. Vista con realismo, la sociedad patriarcal fue un resultado accidental; la generalización de un fenómeno social de la periferia. Por consiguiente, el nudo del dilema no reside en el hombre como sexo, sino en un sistema social en cuyo marco la guerra ha quedado idealizada, sobrevalorada y legitimada.

El embrollo actual radica en el cambio brusco de fines del Neolítico, que desestabilizó las estructuras sociales y el mecanismo del avance tecnológico que inicialmente enfatizaba aquello que sostenía y ampliaba la vida, por una tecnología que simbolizada por la guerra se ha diseñado para destruir, conquistar y dominar.

Las tribus indo-europeas

En el 1800 ane, alrededor de las cordilleras montañosas del Cáucaso se inició el desplazamiento de olas migratorias de las tribus indoeuropeas hacia el resto de Europa y la India; flujo sostenido durante cientos de años, llevando la destrucción e introduciendo su nueva religión basada en un panteón de dioses celestes.

Se supone que una de sus ramas llegó al Irán y otra a la India, gestando la cultura Indo-aria del sánscrito.

Comenzando por Europa, el mundo antiguo fue estremecido por consecutivas oleadas de invasiones bárbaras. La civilización antigua, tenazmente agrícola y de corte matriarcal, no guerrerista, sucumbiría en estas regiones bajo las invasiones de los ejércitos de pueblos nómadas, especialmente indoeuropeos, que colmaron la cuenca mediterránea Occidental y los valles ribereños que corren del Nilo al Huang-Ho, el mundo egeo, sumero-babilónico, nilótico y los pre-arios de la India y la China arcaica.

Las bandas nómadas moraban en un medio duro, de vastas planicies heladas, en la periferia de las grandes civilizaciones agrarias que se centraban alrededor de fértiles valles y de lagos. Esos conglomerados nómadicos aislados en las estepas norteñas o los áridos desiertos del sur, crecieron en número y en ferocidad, y para el milenio V ane, comenzarían a desestabilizar a las viejas culturas neolíticas de la India, del Medio Oriente y de Europa con oleadas invasoras de pastores; los pueblos de Kurgán, en el nordeste europeo y asiático, contribuirían también a barrer a la cultura del Neolítico.

No se ha definido con precisión de dónde salieron los arios; todo lo que de ellos se cree conocer ha sido construido en base a suposiciones. Se plantea que su lengua trascendió como el ancestro de muchas lenguas euroasiáticas.

Uno de los criterios más extendidos es que estos supuestos arios, que son el fondo poblacional de los guerreros virtuosos de la tragedia griega, se extendieron por Europa conformando a los pueblos Indo-europeos, imponiendo sus dialectos, de los cuales evolucionarían lenguas como el griego y el latín.

A los arios se les ubica, unos 7,000 años atrás, merodeando en las márgenes del río Volga, constituidos como la sociedad de Kurgán, que serían tribus pastoras con una magra agricultura neolítica. Estos hábiles guerreros, en posesión de armamentos de cobre y bronce, eran jinetes en posesión de carros tirados por caballos. Su sociedad era de corte patriarcal, dominada por los hombres, con un congruente panteón de dioses masculinos.

Estos invasores, Kurgán o arios, según se cree surgidos del álgido septentrión, estarían regidos por guerreros y poderosos sacerdotes, hambrientos de los productos y del bienestar de las templadas regiones sureñas. Contaban con mejor equipamiento de armas y estaban dispuestos a la lucha, al pillaje y a la conquista.

Con tales armas a su favor se abalanzaron sobre Europa en períodos consecutivos, entre el 5,000 y el 2,800 ane, invadiendo y guerreando contra sociedades agrícolas sedentarias, no patriarcales, a las cuales impusieron sus costumbres, el panteón de sus dioses, la lengua y la organización social.

Con esta larga línea de invasiones masivas del Asia y el norte de Europa (Indoeuropeos de lengua aria) y de pueblos pastores de los desiertos del sur[6], regidos por guerreros y poderosos sacerdotes, que se desplazaban con gran rapidez y de forma agresiva, se provocó la primera gigantesca regresión registrada por la historia, que interrumpió la civilización agraria matriarcal. Tras su arraso, tomarían dos milenios para el resurgimiento de colectividades en ciudades aldeanas y manufactureras como las de Sumer, Egipto y Grecia.

Lo novedoso fue que esta civilización patriarcal, guerrera y jerárquica, que sobrepuso al hombre sobre la naturaleza, introdujo el aparato militar y trocó los valores y éticas dotándolos de contenido de interés masculino, minando a la larga la matrifocalidad comunitaria y la preponderancia de la participación femenina[7].

Si bien en estos primeros experimentos la importancia de la mujer aún no disminuyó radicalmente, como lo demuestra la sociedad faraónica, Mitila, la sociedad de castas en la India, la sociedad de los celtas, la Grecia de Creta y de Éfeso, es un equívoco definir estos albores históricos como matriarcales, y algunos ya la califican de semi-patriarcado.

Queda claro que el derrotero de la remota civilización agraria del Neolítico matriarcal sería interrumpido por los invasores, cuya violencia bélica conforma en nuestro siglo la amenaza de aniquilamiento de toda la cultura humana.

Los mitos y antologías de los Mitanis, imperio que floreció en el norte de Siria 1,500 ane, narran un trasfondo Indo-ario; registran entre ellos los dioses Mitra, Varuna, Indra y Nasatias, todos relacionados en el Rig-Veda[8]. Es sin embargo difícil adjudicar la imposición del patriarcado a los Kurgán o arios, pues otras sociedades ajenas a ellos ostentaban esta estructura socio-política, como las tribus semitas, las organizaciones pre-colombinas de América, las sociedades sino-japonesas.

Pueden identificarse varios centros de irradiación de la civilización humana: la sumero-babilónica, la nilótica, la greco-romana, la ario-védica de la India, la chino-japonesa, la arábigo-persa, la judeo-cristiano-islámica, la gótica-cristiana euro-americana, la eslava. Un modelo semejante a estas culturas homofóbicas, que comparecieron mucho después, fue el Maya-Azteca-Inca; estas culturas fueron las que primero crearon un concepto de asociación supra-tribal, de pequeños pueblos.

El panteón masculino

La sociedad patriarcal ya establecido y consolidado se caracterizará por el establecimiento de un orden jerárquico familiar y social, con preferencias entre los hijos y entre los ciudadanos; la obediencia a la autoridad como la principal virtud; el del predominio del pensamiento racional y del esfuerzo del hombre por modificar el fenómeno natural.

Es destacable que en el orden de la hegemonía patriarcal se presenta como secundario el rol de la madre en la concepción, y en torno a ese eje girará todo el andamiaje de sometimiento, avasallamiento, control y dominación que sobre la mujer se ejerce, a la cual se le inhabilita del ejercicio del pensamiento y de la independencia de acción.

El doble hecho de la centralidad-superioridad del hombre y de la inferiorización forzosa de la mujer, fue coronado con la expulsión femenina de la religión, de la economía, del poder político y de todo espacio de poder y visibilidad de la sociedad, estableciéndose un panteón de Dioses masculinos guerreros (Zeus, Jehová).

En consecuencia, las nuevas religiones, cuyas principales deidades del panteón serían masculinas, reflejarían el orden social patrilineal, de estructura piramidal con un hombre fuerte en el pináculo del poder. En estas religiones preliminares de la India, Eurásia y el Medio Oriente el estado jerárquico reflejaba el ordenamiento divino del cosmos y viceversa. El monarca era representativo del Dios, oficiando el ritual de nupcias secretas con una alta sacerdotisa.

La idea patriarcal de conquistar la tierra prometida se refiere a un territorio que, a final de cuentas, se tomará por la fuerza. Por ello en la Antigüedad tendrían preponderancia los dioses tribales de la guerra, como el Indra de los arios védicos, Zeus y Ares de los griegos, el Marte romano.

Las palabras emitidas por Cristo a sus discípulos tras su resurrección, de dispersarse y hacer de todas las naciones discípulos, no es otra cosa que un mandato a la conquista del planeta.

Adentrado en la Edad de Bronce, para el 2,000 ane, ya el panteón de diosas comienza a verse desplazado por dioses masculinos en todo el Mediterráneo y el Medio Oriente. Había entrado en declive el status social de la mujer y predominaban las guerras de conquista masculina.

Todavía, no obstante, se reverenciaban de forma secundaria a Hator e Isis en Egipto, a Astarté o Ishtar en Babilonia, a la diosa solar Arinna en Anatolia.

Las anteriores poderosas diosas o divinidades femeninas ya en el período histórico patriarcal de la antigüedad se fragmentarán en un semillero de diosas menores y ninfas; de hijas, esposas y concubinas de los dioses patriarcales. De manera que el Zeus griego disponía de 53 diosas concubinas, además de su esposa.

La religión hindú es parte del gran movimiento cultural que compareció en el sexto milenio a. C.; esta hace parte de cierta continuidad cultural y religiosa que ha existido desde tiempos remotos sobre un enorme trozo geográfico, y que se extendió desde el Estrecho de Gibraltar hasta el Sudeste asiático.

A pesar de las variaciones políticas y sociales de cada cultura una persistente comunión de mitos y símbolos se mantuvo, como el culto al dios-toro asociado con la vegetación, a la serpiente en asociación con la regeneración, al falo, la sexualidad, los cultos orgiásticos, el cuerno como símbolo real, las posiciones de los yogas y la construcción de cámaras funerarias[9].

Es increíble como la imaginería de Diosas neolíticas ha sobrevivido; el hecho de que la economía hortícola, el cultivo del suelo estuvo en manos de la mujer está apoyado en el culto a las múltiples diosas de la fertilidad, teniendo todas como atributo primicial la invención de la agricultura, es decir, de la fertilidad de la tierra.

Pudiera especularse con la probabilidad de que esas sociedades estuvieran en capacidad de establecer conceptualmente un símil entre la cíclicamente fertilidad agrícola y la de la fémina.

Deidades como Isis, Nut y Mäat, en Egipto, conservarán con posterioridad esta dinámica de continuidad religiosa. En los papiros egipcios la diosa Isis es la creadora de la agricultura. Ishtar, Astarté y Lilit en el Creciente Fértil resulta la línea de continuidad; también se incluyen las tablillas mesopotámicas respecto a la diosa Ninlil, inventora de la agricultura.

La hija de esta Diosa-madre sobrevivió en los tiempos de la Grecia clásica como Perséfone o Koré, al lado de Démeter y Hera, ambas deidades de fertilidad agrícolas; como lo fueron Atargatis, Ceres y Cibele en Roma.

La brujería y los cultos femeninos

Otra continuidad cultural radicó en la artesanía de cerámica, que fue desenvuelta por la mujer, y en tiempos remotos resultaba una actividad sagrada que pertenecía al real de las diosas. La operación textil, como cuentan las más añejas mitologías, estaba circunscrita a la mujer, disponiendo de sus propias deidades femeninas, como la griega Fates.

La desdeñada brujería, presente desde el momento que el Cromañón compareció en la prehistoria, y luego considerada como un paganismo residual por la religión judeo-cristiana y la islámica, es una de las trazas que restan del culto a las deidades femeninas.

Como la diosa neolítica en estado de preñez es una descendencia directa de la voluminosa Venus paleolítica, esa imagen subsiste en la iconografía medieval cristiana en la grávida Virgen María, cuya figura sosteniendo a su hijo divino es una evidencia dramática de la Diosa-madre neolítica manteniendo en sus brazos a su vástago.

Habitualmente los hijos de las diosas están relacionados en los temas del nacimiento, muerte y resurrección; y el esposo hijo-amante de esta Diosa-madre, luego en tiempos históricos adquiere nombres diversos como Adonis, Tamuz, Atis y finalmente Jesús Cristo[10].

En la herencia judeo-cristiana se puede observar a la propia Diosa-madre en la Reina de los Cielos, cuyos frutos son quemados en la Biblia, en la Shekina de las tradiciones cabalísticas hebreas y en la católica Virgen María, la Santa Madre de Dios.

El dionisismo fructificó como una importación griega de los conjuntos religiosos del Asia Menor, de la zona Frigia, donde la palabra semele, su madre significa "tierra". Cuando los frigios arribaron al Asia Menor, en el siglo XII ane, ya existía el culto a la Madre Tierra que provenía del Neolítico.

Al igual que Dionisio, la reaparición posterior de Shiva en la India, representaría un retorno a la religión arcaica de la Diosa-madre, latente en los estratos subalternos de la sociedad pese a las invasiones y persecuciones.

Estas diosas-madres serían acompañadas de una deidad masculina secundaria, en el rol de hijo, amante o hermano, prototipos de dioses a lo Dionisio y Shiva que bajo el patriarcado persistirán durante largo tiempo en diversos territorios, bajo nombres diversos como Dionisio, Baco, Pan, Eleuterio, Minotauro, Sabazios, Inuus, Faunus, Priapus, Liber, Amón, Osiris, Shiva, Cernunos.

La centralidad en la organización social había sido tan grande y perdurado por tan extenso período histórico que esa realidad no podría ser fácilmente expulsada de los imaginarios colectivos. En compensación a la desleal victoria que sobre ella tuvieran los hombres, debieron aceptar la idea de que las Diosas formaran parte de la mitología de casi todas las sociedades.

Estas diosas-madres gradualmente adquirirían apelativos diferentes y serían comunes en casi todas las sociedades mediterráneas: Semele, la Gran madre de los dioses, Démeter, Artemisa, Diana, Nuestra Señora de las Bestias, Amaltea, Isis, Shakti, Mamau, Dindimene, Kibele, y Rea. Ellas representaban el poder de la naturaleza y la generación de la vida, y al igual que su compañero masculino, sus ritos conservaban elementos orgiásticos.

Progresivamente las diosas irían adquiriendo características de sus pares masculinos. Morrigán, diosa de los celtas, Minerva, de los romanos y Démeter, de los griegos, además de tener otras consideraciones ya son diosas de la guerra.

En estas religiones no existían sacerdotes sino sacerdotisas y en sus ritos estaban presentes el elemento sexual y los alucinógenos. Hasta donde se conoce los cultos y oráculos de la Antigüedad se conformaban con un grupo sagrado de sacerdotisas, que cuidaban del Dios e instruían en los secretos de la religión.

Pongamos por caso el famoso Oráculo de Delfos, cuya sacerdotisa era conocida como la Pitia o Pitonisa. En Grecia, además del oráculo de Delfos existieron otros; por ejemplo: Abas, Focea, Dodona, Anfiarao, Trofonio, Branquidas. Esa estructuración religiosa existiría también en Libia.

Las Danaides

Refiere Heródoto que los sacerdotes de Amón-Ra, en Tebas, le comunicaron que el origen del oráculo griego de Dodona estuvo en Egipto; dos mujeres religiosas egipcias habrían sido robadas por los fenicios llegando por esa vía hasta, una a Libia y otra a Grecia, responsabilizándose ambas con el establecimiento entre esas naciones los oráculos referidos.

El oráculo egipcio de Tebas y el griego de Dodona presentaban similitudes extraordinarias, entre estas: el arte de la adivinación, las procesiones, los concursantes festivos, las ofrendas religiosas.

"He aquí lo que dicen sobre el mismo caso las promántidas (profetisas) dodoneas. Escapáronse por los aires desde Tebas de Egipto dos palomas negras, de las cuales la una llegó a Libia y la otra a Dodona, y posada esta última en una haya les dijo en voz humana, ser cosa precisa y prevenida por los hados que existiese un oráculo de Júpiter (Amón-Ra) en aquel sitio; y persuadidos los dodóneos de que por el mismo cielo se les intimaba aquella orden, se resolvieron desde el instante a cumplirla.

De la otra paloma que aportó a Libia, cuentan que ordenó establecer allí el oráculo de Amón, erigiendo por esto los libios a Júpiter un oráculo semejante al de Dodona. Tal era la opinión que, de conformidad con los misterios de aquel templo, profesaban las tres sacerdotisas dodóneas[11].

En *Las Suplicantes* de Esquilo se describe cómo el oráculo fue trasladado de "la fina arena del delta del Nilo" a Grecia continental por intermedio de las hijas de Dánao. Las Danaides, para evadir unas "bodas de sangre" desobedecen la autoridad paterna refugiándose bajo el poder de Afrodita como equilibrio[12]. "Por lo pronto, una cuestión que se refiere a las protagonistas, las hijas de Dánao, descendientes de Io, que huyen de Egipto para evitar la boda con sus primos (...) ya que en su corazón odian todo contacto sexual con sus primos.

En las mismas *Suplicantes* se narra que el rey de los Argivos se dirige a las Danaides buscadoras de refugio y protección del mismo, ante los reclamos nupciales egipcios[13]. "A mujeres de Libia parecidas más bien sois que a mujeres de esta tierra. También el Nilo pudo haber criado igual retoño; y el estilo ciprio que en femenino molde el macho imprime es semejante al vuestro. Tengo oído también que hay indias nómadas que montan en camellos, cual si fueran caballos, en su silla, y recorren las regiones vecinas del país de los etíopes. También podría, si llevarais arco, creer que sois aquellas Amazonas sin esposo y que comen carne cruda".

Desprendiéndose las palabras del jerarca ciertas características de las mujeres que procuraban su ayuda que podrían ser propias de las de su región o, tal vez, únicamente de las de su condición social. Destacaríase el vigor y la independencia, ejemplificados en la monta de camellos y la libertad para recorrer extensas distancias.

Es sintomático que entre los cultos femeninos más famosos estuvo el del dios hermafrodita Dionisio y también el de la diosa Démeter, ambas deidades representativas de la fertilidad, pues el primero fue uno de los usurpadores de las funciones de sus divinas antecesoras.

Recuérdese lo antes referido respecto a la ignorancia sobre el funcionamiento del cuerpo humano y, en consecuencia, del proceso de la procreación y de la biológica y morfológica diferencia entre los sexos. La vitalidad de la presencia de la deidad hermafrodita podría estar significando tanto la preocupación en ese sentido como la posible solución que le encontraran a la incógnita, quizás, con un tercer sexo, o bien podría estar refiriendo precisamente el asombro ante la muy inusual pero real presencia del hermafroditismo.

A la diosa griega Démeter se le considera entre las neolíticas derivaciones divinas de la paleolítica diosa del grano[14]. En compañía del masculino dios Perséfone es mitológicamente asociada[15] "a la dualidad divina del ciclo contínuo de la vida y de la muerte, un concepto mistérico fundamental en todas las religiones que fue elaborado en base a las funciones de la diosa de la Muerte y la Regeneración".

Si la realidad de la vida y de la muerte proseguía como un misterio a develar por los humanos era lógico que les hallaran explicaciones en las religiones y alcanzaran en estas un lugar esencial. De hecho, en nuestra modernidad, cuando ya los comprendemos y cada vez la ciencia se adentra más en sus interioridades, proseguimos necesitando enfrentarlos con cierta dosis de compensación religiosa.

La Historia Patriarcal

Una tribu se divide en varias gens; por lo común en dos. Aumentada la población, cada una de las gens primitivas se reajustó segmentada en varias gens hijas, para las cuales la gens madre quedaría como fratría. La tribu misma se subdividía en varias, y en estas encontramos, en la mayoría de los casos, las antiguas gens.

Una confederación, por lo menos en ciertas ocasiones, enlazaba a las tribus emparentadas, de donde pudiera arrancar la muy posterior idea de la confederación de naciones. Se encuentra ya en ese proceso la profunda comprensión de que en todas las sociedades defectuosas y llenas de antagonismos, las familias individuales son unidades económicas, su mismo grupo[16].

El cultivo de los huertos, probablemente desconocido para los bárbaros asiáticos del estadio inferior, apareció entre ellos mucho más tarde, en el estadio medio, como precursor de la agricultura.

El clima de las mesetas turánicas no permite la vida pastoril sin provisiones de forraje para una larga y rigurosa invernada, lo obligaba al cultivo pratense y de cereales.

Lo mismo puede decirse de las estepas situadas al norte del Mar Negro. Pero si al principio se recolectó el grano para el ganado, no tardó en llegar a ser también un alimento para el hombre. La tierra cultivada continuó siendo propiedad de la tribu y se entregaba en usufructo primero a la gens, después a las comunidades de familias y, por último, a los individuos.

A consecuencia del desarrollo de todos los ramos de la producción -ganadería, agricultura, oficios manuales domésticos-, la fuerza de trabajo del hombre iba haciéndose capaz de crear más productos que los necesarios para su sostenimiento.

También aumentó la suma de trabajo que correspondía diariamente a cada miembro de la gens, de la comunidad doméstica o de la familia aislada. Era ya conveniente conseguir más fuerza de trabajo y la guerra la suministró: los prisioneros fueron transformados en esclavos.

Dadas todas las condiciones históricas de aquel entonces, la primera gran división social del trabajo, al aumentar la productividad del mismo y por consiguiente la riqueza, y al extenderse el campo de la actividad productora, traería consigo necesariamente la esclavitud, el más irrestricto y éticamente monstruoso sistema de dominación pero en esas condiciones un válido modo de producir en volúmenes mayores y con superior rentabilidad.

Fue ese el escenario y fueron esas las condicionantes para la escenificación de las transformaciones en la estructura familiar y en los patrones de propiedad. Fue el inicio de la esclavitud humana y los sacrificios de mujeres y niños a los dioses masculinos, a lo Ifigenia.

Fue ese el momento en que se operó el tránsito hacia la gens patriarcal, hacia una sociedad jerarquizada y androcrática, no por vía del mayor desarrollo económico ni a consecuencia de un estadío superior de desarrollo de la especie, como se ha popularizado, sino por medio de la conquista y la guerra, de la cual la humanidad aún no se ha sacudido.

Esta es la sociedad de toda el Ática retratada en los autores clásicos griegos. Este es el tránsito en que quedaron atrapadas Clitemnestra de Micenas y Helena de Troya. Es el momento donde comienzan a juzgarse como fenómenos contrarios a la moral, la poligamia y la poliandria[17].

En ese nuevo estadío la mujer retiene como actividad económica los telares domésticos, la preparación de alimentos y el cuidado de los vástagos, por eso, aún su voz se oiría, aún era necesaria la represión masculina organizada, aún se imponía tatuarle aunque con sangre cuál era su nuevo papel, como Penélope, hilando mientras interminablemente se mantuviera a la espera del hombre.

Los dioses celestiales

Como parte de las invasiones y matanzas perpetradas a partir de los balbuceantes adelantos de los inicios de la historia patriarcal, oleadas de bandas indoeuropeas se filtrarían constantemente en la península griega desbancando finalmente a las civilizaciones micénica y minoica, precipitando la península en una edad oscura hasta el 800 ane, cuando se inauguraría la Grecia clásica.

Toda el área Egea comenzó a idolatrar un panteón de dioses celestiales dominado por hombres, en la medida que se expandía la esclavitud y la guerra devino en una forma institucionalizada del modo de vida con el tiempo formadora de una actitud y de un espíritu que aún nos dura.

Desde el siglo VIII ane, las oligarquías rurales, con rasgos provenientes del matriarcado neolítico, como la troyana, empezaron a ceder terreno ante la nueva coalición citadina tipo Esparta y Micenas, de artesanos, comerciantes urbanos y ciudadano masculino productor.

En esta las élites rectoras y pensantes (militares, astrónomos, agrónomos, artesanos, artistas) son conformadas por hombre, y eran las reguladoras de los parámetros por los cuales se conducía la vida. Esas élites instauraron el señorío del pensamiento racional lineal y del esfuerzo por modificar la naturaleza.

Por ello, el debate teórico estaría centrado en la búsqueda de los derechos jurídicos sólo para el hombre, la ciudad como pauta de poder por encima del predio agrícola y el equilibrio entre los grupos y clases sociales.

Luego, con la revolución científica pos-renacentista, esta consideración de dominio se acrecentará; la conquista tecnológica de la naturaleza se realizó mediante la mentalidad de dominio patriarcal que desde aquel tiempo corroe nuestra civilización.

Finalmente tuvimos que, por un accidente de la historia, la civilización tomó el rumbo de una sociedad patriarcal, aniquilando la evolución cultural que ya tenía casi 30 milenios, quebrando el equilibrio de una especie compleja con dos formas diferentes: masculina y femenina e iniciando el camino de la historia patriarcal de la humanidad es decir, de la supremacía masculina, de la que quedaría excluida de sus realizaciones de mayor significación pública y de la historiografía la mujer.

El proceso por el cual tuvo lugar este diametral cambio en la evolución cultural humana, había conllevado inmensas destrucciones materiales y físicas que duraron hasta bien entrada la llamada etapa histórica, lo cual se recolecta en la *Biblia*, en los códices cristianos y coránicos.

La sociedad patriarcal guerrera

La sociedad patriarcal modelada sobre la banda guerrera, se fundamenta en la normativa hereditaria de la familia, con el matrimonio como hecho práctico. De ahí recibiremos la tergiversada noción de la universalidad e inevitabilidad de la familia patriarcal. Por razón de esa estructura cultural la coacción del hombre sobre la mujer se apoya en el ámbito político, donde la mujer queda invalidada y soporta, no sin focos de resistencia, la servidumbre.

La dominación del marido sobre la mujer y los hijos asegura por la línea hereditaria masculina la propiedad y del apellido familiar, y la paternidad se garantiza sólo restringiendo bajo coacción la libertad de la actividad sexual de la esposa y manteniendo con ese propósito a la esposa bajo constante supervisión.

El desafío o la violentación de este nuevo orden sería pagado con la represión sangrienta, como se reseña en el proceso de las Amazonas que intentan construir una sociedad ausente de poder masculino; de las mujeres contestatarias tipo Clitemnestra, Medea, Arsinoë o Cleopatra; o la tentativa de rescatar a las antiguas deidades, como las dionisiacas.

Herodoto[17] reseña la manera en que el séquito del rey Esquiles, de los escitas, depone al monarca al descubrirse que éste participa en un tipo de veneración parecida al dionisismo, donde tiene que hacer dejación de los privilegios masculinos.

Existen sociedades en la que todavía, legalmente, el hombre sigue siendo el dueño de la sexualidad de la mujer, y en la generalidad de nuestras sociedades el hombre sigue funcionando desde la lógica de que es el dueño y administrador del cuerpo de las féminas, sean o no sus esposas o familiares.

Si las diosas-madres tenían el poder germinativo y de concesión de la vida, los dioses patriarcales inauguradores de la historia posterior se destacarían por la prerrogativa de arrebatar la vida, por la posesión de armas, por la utilización de los caballos, por el poder de los rayos y truenos. Este nuevo panteón, exterminador y/o reductor de las antiguas diosas, usurpador de funciones femeninas, pasó a controlar las tecnologías de producción económica y reproducción humana, antes en manos de la mujer.

Los señores de la guerra

Los señores de la guerra se instalaron a horcajadas sobre las aglomeraciones agro-aldeanas autóctonas de los territorios en que se posesionaban, subordinando a sus Dioses estelares las viejas deidades animistas y agrarias.

Empleando la dominación patriarcal como el nuevo principio de organización social, hicieron desplomar el status de la mujer, reprimieron su sexualidad y establecieron la guerra como el modo de vida. De entre ellos brotarían las oligarquías militaristas que para el 1200 ane, completan la revolución patriarcal.

Para cuando comparecieron las primeras obras escritas, eso que con racionalidad exclusivista y excluyente, y con actitud prepotente, se ha dado en llamar "historia", ya la agricultura era una actividad propiamente masculina: la tierra y los instrumentos eran propiedad del hombre.

El paso de la horticultura a la agricultura intensiva, demandante de la incorporación masculina, se consolidaría con el pastoreo, los productos derivados de la ganadería y la agricultura de tracción animal. La combinación de la ganadería y la agricultura conllevaba una complejidad y un canje que posibilitaría que la situación de la mujer fuera socavada por el hombre.

La introducción del cobre y luego su aleación en bronce, trajo la acumulación de riquezas en grupos dentro de la comunidad. Se evidenciará en las tumbas del período no sólo esa acumulación de riquezas sino la distinción por sexo como un factor primordial de diferenciación social; en los enterramientos de las mujeres estas portarían joyas ornamentales y en los de los hombres ellos llevarían armas.

Si hasta el momento el oro y el cobre habían sido utilizados para fines ornamentales y religiosos, en herramientas que mejoraban el nivel de vida, la generalización de la metalurgia del bronce (del 3,500 ane, al 2,500 ane) estuvo perfilada hacia fines militares: proveer de un armamento más efectivo a las hordas conquistadoras[18].

Con la nueva técnica se pudo organizar la aniquilación masiva de otros humanos, en paralelo ocurriría la destrucción y apropiación de las propiedades de los vencidos y la explotación económica de los prisioneros.

Con estas invasiones armadas se iniciaron los principios de la esclavitud humana y los escalofriantes sacrificios de mujeres y niños a los dioses masculinos.

Fue en esta coyuntura crítica que la avanzada economía agrícola de los conquistados se sustituyó por el inferior pastoreo de los conquistadores, y los metales pasaron a desempeñar una parte letal en la forja de la historia humana: no como un avance tecnológico general sino como armamento para aniquilar y esclavizar.

Los conglomerados semi-nomádicos pastoriles produjeron una ideología diferente a la de los asentamientos aldeano-campesinos, desconociendo los ciclos agrícolas de nacimiento, muerte y regeneración, concretados en los cultos de la Madre-Creadora y hundiendo a los territorios conquistados en el empobrecimiento cultural.

En lo adelante, los dioses masculinos serían abstractos, sin la identificación con las fuerzas de la naturaleza que tuvieran en los roles que antes desempeñaran como acompañantes de las diosas. A medida que a la mujer se le despojaba de sus poderes ejecutivos y de su autoridad espiritual dentro del clan, los más fuertes y brutales entre los hombres ascendían a las categorías políticas, religiosas y recepcionaban los honores.

La violencia social

La disposición social, con la potestad masculina, la guerra y otras formas de violencia social, la exaltación de la virilidad, los sacralizados héroes guerreros y la estructura jerárquica y autoritaria, triunfarían como los instrumentos con los cuales se reemplazó al modelo femenino de cooperación por uno masculino de dominación.

Los dioses de los invasores, invasores ellos mismos, eran predominantemente masculinos. Los dioses de los territorios agrícolas invadidos, en contraste, respondían fundamentalmente al dominio de la fertilidad de la tierra, derivaciones de la Diosa-Madre. Veremos en la *Biblia* cómo se concedía a los hombres el derecho de tomar a las mujeres de las tribus vencidas como botín de guerra[19].

El avance de los indoeuropeos apartó el culto a las diosas-madres, cerrándose el capítulo de las sociedades matrilíneas. La entrada en escena de los patriarcas semitas y de las tribus guerreras indoeuropeas introduciría una férrea sociedad patriarcal, con Dioses crueles expresándose en la intransigencia de sus mitos, justificadores de los intransigentes dogmas de sus religiones.

Desde ese punto de partida, todas las relaciones humanas se han venido conformando con el sostén de este molde, en el que la fuerza o su amenaza, la posesión y desarrollo de armamentos cada vez más sofisticados y letales, determina quién controla los canales económicos de distribución, incluso quiénes merecen vivir y quiénes no.

Consiguientemente los poderes supremos del universo quedaron personificados en deidades masculinas guerreras y vengativas, cuyas palabras y mandamientos de obediencia, doctrinariamente difundidas por los sacerdotes, recibían el respaldado de los ejércitos, códigos jurídicos, magistrados y verdugos.

En Catal-Hüyuk, por ejemplo, no había sacrificios de sangre; los cultos a Démeter originalmente envolvían presentes de frutas y granos por parte de los creyentes; con el arribo de la teología patriarcal se iniciaría el proceso de cambio.

En los ritos minoicos se ofrendaban flores, frutas, vinos o granos, contrastando con los mesopotámicos y egipcios donde de forma masiva y rutinaria se sacrificaban humanos, donde se elaboró el tema de la inmolación de la esposa, concubina y siervos tras la muerte del marido.

Es que la sociedad patriarcal se caracteriza por la obediencia como el principio supremo entendido y presentado como la principal virtud: obediencia a la autoridad de un orden jerárquico familiar y social, con preferencias entre los hijos y entre los ciudadanos.

En esa sociedad predomina el pensamiento de un tipo de racionalidad de corte lineal y es obsesivo el esfuerzo del hombre por modificar el fenómeno natural. Esa racionalidad lineal en la que el hombre se sintió victorioso socialmente y creyó para ello necesario el sometimiento de la mujer, concebiría la argumentación para la supuesta necesidad del sacrificio de la esposa incluso con la muerte.

Los valores éticos occidentales se configuran en Atenas y en Asia Menor; mientras la palabra democracia nace de una Grecia envuelta en los mitos orgiásticos dionisiacos, el cristianismo se afirmará luego en un pulular de cultos y, si bien inferiorizada y reducida a mínimos, en su estructuración no pudo desasirse de la presencia femenina, que quedaría en la presencia de las populares e innúmeras advocaciones de la Virgen María y en la multiplicidad de vírgenes y santas.

La cultura patriarcal victoriosa de la civilización occidental parte para su milagro y base filosófica helénica de la consolidación del cristianismo, del parlamento inglés que devino soberano, y de la revolución científica de Galileo Galilei e Isaac Newton.

Tanto en la *Odisea* como en la *Ilíada* homéricas, la antigua Grecia aparece como un conglomerado de tribus de invasores nómadas recién conquistadoras del Ática, que acumulan riquezas mediante el pillaje; mostrando a los jefes de tales bandas como héroes protegidos por dioses brutales, organizadores de una sociedad patriarcal en donde los hombres ejercen el poder político, militar y religioso y la mujer se exhibe como una posesión agradable.

La historia patriarcal se nos configura como un enorme teatro de guerras, conquistas territoriales, control de rutas y pasos comerciales, destrucción de pueblos y esclavitud de los vencidos. Esa es la historia que se glorifica en obras literarias y plásticas, en el caso de Grecia, especialmente por el teatro.

Esta civilización, represiva en todos los órdenes, incluido el sexual, sacrifica exorbitantes masas humanas en las guerras y en la erección de tumbas, de templos y palacios, en la construcción de magnas ciudades y murallas, y en estado demencial exhibe su logro más impresionante en la tecnología metalúrgica de armamentos.

La mujer como pro-creadora

Recapitulando tendríamos que, los cambios cruciales en el papel y la división social de los géneros se inician hace cuatro milenios, en plena Edad de Bronce, donde la importancia femenina es drásticamente reducida, y asignándosele como función la procreación de hijos necesarios para el trabajo y los ejércitos; se impuso la diferenciación en el vestido masculino y femenino para diferenciar ambos sexos, como lo reglamentaron Platón y Solón para la sociedad griega.

En las sociedades paleolíticas y neolíticas, en las que imperaban la poligamia y la poliandria, las costumbres consagraban las relaciones conyugales y nadie las considera inmorales. Con el poder patriarcal surgiría la familia monogámica, haciendo cambiar radicalmente las ideas acerca de la moralidad e inmoralidad en lo tocante a las relaciones de la familia y el matrimonio.

Tanto la supremacía masculina, el guerrerismo, la monogamia, los cambios en la moral, el tabú del incesto y demás, formarán desde entonces parte de la historia patriarcal legendariamente impuesta a la humanidad. Pero debe tenerse presente que no obstante su trascendencia esta ha correspondido a una etapa mucho más corta que la de su antecesora matrifocal.

Ante el horror y la inmensurabilidad de su destino cósmico y del precio por desgajarse de la irracionalidad animal, los supuestamente elegidos de la creación, con exactitud histórica los auto-elegidos, integrados en élites y vanguardias se lanzan a las aventuras del desarrollo, y procuran exonerar sus acciones violentas en los halos de cánones religiosos, en las cábalas y filosofías herméticas de textos esotéricos, de las sectas purificadoras fundamentalistas, de regeneración social y de hermandad libertadora.

Así se remueve el obstáculo al progreso al transferirse el ajuste de cuentas hacia un paradisíaco o infernal estadío *pos-mortem*.

Es esa historia patriarcal el principio de la castración original con la cual nace el individuo occidental, narrativa que integró a la mujer como responsable del cercenador y falaz pecado original. De ahí la celebridad negativa la de Pandora entre los griegos, la de Eva en el *Antiguo Testamento*.

Los códigos sociales que de antaño nos han predeterminado e impuesto, esos que nos someten al grupo, para la mujer son más estrictos: ella nace marcada por una inferioridad que le impusieran históricamente, por la obligatoriedad a un sometimiento que inicia en los hombres de su más estrecho círculo: el padre, hermano, marido o hijo y, en paralelo, nace marcado por la imposición del sometimiento al grupo.

En este contexto los cuerpos de ideas que se disponen en lo adelante son los de una sociedad con sus miembros fruto de una naturaleza mal concebida. De ahí resulta fácil establecer el carácter divino y masculino de las religiones y de la potestad política, lo infalible de las filosofías y del estado Minotauro.

En los templos y palacios mesopotámicos, egipcios, hindúes y de la cuenca mediterránea los escribas, cronistas, poetas, dramaturgos, a la sazón serían hombres, reescribiendo la historia - aún en nuestra época-, desde esta perspectiva androcéntrica.

El totalitarismo, no fue una invención de la fantasía del escritor George Orwell, ni sucedió por vez primera en este siglo bajo el totalitarismo fascista y comunista, se aplicó extensamente a todo lo ancho del mundo antiguo, cuando el patriarcado se asentó en el poder[20].

Valdría especificar que el patriarcado, con independencia de las narrativas adulteradoras de la veracidad de la historia, es una construcción tardía que los varones han hecho para compensar la fundacional autoridad femenina, lo cual ellos no consiguieron concebir de otra manera que no fuera con el poder, siempre engendrador de la violencia pues representa eso en sí mismo.

Pero, habría de tenerse presente que «la parte de la mujer» sobrevuela la diferencia de sexos, porque es la in-sexualidad que atraviesa, al sesgo, todo tipo de sexualidad. La mujer, recordemos un epígrafe anterior, tiene la capacidad de seducir, lo cual, etimológicamente, significa "desviar": jugar sin gozar, esquivarse, ocultarse, hurtar el goce del otro. Por eso el "sexo" femenino puede ser entendido, también, como la constancia igual a sí misma, frente a la intermitencia viril. Uno es secreto, el otro es productivo, es decir capaz de tornar evidente lo oculto.

La seducción sustrae al discurso su sentido y lo desvía del camino de la verdad, ambas tareas se suponen masculinas. Históricamente hemos pasado por la matri-focalidad y vivenciamos la etapa posiblemente más compleja del patriarcado, cuando las mujeres desandan el camino de retomar la soberanía de sus vidas lo que significa trascender socialmente, forzando a la recuperación de la armonía por tantas centurias vividas y en un aciago tiempo quebrada, destrozada y hundida, expulsado incluso de la historiografía.

Ahora, nuestro signo parece ambiguo, tal vez porque se trate de una etapa de síntesis o conciliación. Baudrillard describe el fenómeno señalando que asistimos a un proceso de ahondamiento de la mujer, que pierde sus poderes tradicionales, en tanto el varón cultiva su apariencia y adquiere los poderes no tradicionales.

Si bien es cierto que existe un proceso de ahondamiento pero también de expansión liberadora de la mujer, puesto que el hombre ha estado más preocupado con su apariencia en todos los órdenes (física; con la usurpación de atributos que habían quedado vedados para la mujer), y también un proceso de auto-satisfacción de su tribu masculina, mucho más que de compensación social.

El Diluvio universal

La Creación duró 6 días, el Diluvio 40 días y Noé entró en su arca 600 años después del primer amanecer. Sin embargo, el increíble templo faraónico de Karnak no existía a los ojos del siglo XVIII, ni tampoco la pre-historia. El primer dibujo paleolítico, un hueso con dos ciervas grabadas, fue descubierto en 1834, y en 1879 los frescos de Altamira fueron desdeñados como la superchería de un pastor.

El promedio del nivel marino a fines de la Edad de Hielo se elevó gradualmente; aunque hubo un salto abrupto del nivel del mar que marcó la reunión del Mar Rojo con el Océano Indico.

La Edad de Hielo había encapsulado tanta agua en los glaciales y las placas heladas que el nivel del mar del mundo descendió dramáticamente, al punto que existieron puentes terrestres en el Estrecho de Bering, permitiendo a los antecesores de los indios cruzar a pie hacia América. Inglaterra y Flandes estaban unidas.

El estrecho de los Dardanelos estaba cerrado y el Mar Negro era un lago salado. El Golfo Persa había desaparecido y era una gran planicie cortada por el Éufrates. Y el estrecho de Bab–El–Mandeb, en la boca del Mar Rojo, era también un puente terrestre.

Pero un puente terrestre es también una represa. Con el calentamiento del clima global, los glaciales comenzaron a soltar el agua congelada, las lluvias cayeron copiosamente dondequiera; los ríos se ensancharon y el nivel marino se elevó.

Los grandes ríos del sur de Europa, que se hallaban secos, eran ahora torrentes masivos. El alpino Ron, el Pó, el balcánico Strimón, el Danubio, y otros más derramaron tanta agua en el Mediterráneo y el Mar Negro que sus niveles marinos ascendieron como el resto de los océanos.

Hasta que el Océano Índico se elevó tanto que sus olas se derramaron por sobre el estrecho de Bab–El–Mandeb; el agua cortó nuevos canales y las sabanas creando una serie de ras de mar.

Y, un día, hace 14,000 años, la corriente cortó un canal tan profundo que el agua continuó entrando colosalmente. Ese cataclismo es uno de los momentos raros cuando un solo suceso cambia un área vasta en un período de tiempo corto, y de tal magnitud que los humanos lo percibieron. Noé es el inmortal Utnapishtim, Ziusudra de Sumeria, de todas las historias de diluvios[21]. Las viejas historias de la Atlántida nada hablan de volcanes, sino de que una gran civilización se hundió en el océano.

Quizás sería por eso que el monarca babilonio Nimrod, construyó una torre tan alta que desafiaba a la vieja religión, una torre cuya altura no podía ser tapada por el mar. El *Génesis* liga la torre de Babel con el Diluvio. Esa fue la historia que sobrevivió en Mesopotamia, la del nacimiento de una ciudad con una torre enorme, pero con una clara memoria de que una vieja civilización había sido destruida por un diluvio.

Hace unos 20,000 años, durante la cuarta y última glaciación de la era cuaternaria, el humano vagaba por la Tierra en busca de caza y recolectando frutos allí donde los hallaba. Cuando un grupo llegaba a una zona rica en caza o en vegetación comestible, establecía campamentos temporales hasta agotar los recursos, pero algunos se encontraron con parajes especialmente fértiles, hasta el punto de que se regeneraban antes de ser agotados. De modo que poco a poco fueron surgiendo campamentos estables o poblados dedicados a la caza y la recolección. Así fue como el humano se hizo sedentario.

Tal vez los ejemplos más antiguos de este tipo de poblados[22] son una serie de asentamientos escalonados en el tiempo en el noreste de África, en el actual Egipto, los primeros de los cuales datan de hace 19 mil años.Al parecer, sus habitantes recogían anualmente cosechas de cebada y trigo silvestres. Por aquel entonces todo el norte de África era una selva rica en fauna y vegetación, pero pronto terminaría el periodo glaciar y comenzaría un proceso de desertificación que originaría el desierto del Sahara.

No obstante, la zona noreste continuó siendo fértil mucho tiempo gracias al río Nilo. Se trata del río más largo del mundo, que nace en el lago Victoria, en el ecuador africano, y transporta sus aguas hacia el norte hasta el Mediterráneo.

De todos modos, esto sólo se descubrió mucho más tarde. En la antigüedad, ningún humano "civilizado" sabía de dónde surgía el Nilo, pues una serie de cataratas impedían seguir su curso río arriba a través de la selva. Otra zona donde hay indicios tempranos de recolección de cereales es la costa más oriental del Mediterráneo, lo que hoy es Palestina. Se han encontrado restos de hace 15,000 años que demuestran que en esta región el humano había aprendido a moler el grano.

Palestina formaba parte de una zona de condiciones especialmente favorables, conocida como la media luna fértil. Se trata de una región que, como indica su nombre, tiene forma aproximada de media luna. Su parte este es lo que podríamos llamar Canaán.

La costa de Canaán recibe el nombre de Palestina al sur y Fenicia al norte, si bien estos nombres están relacionados con pueblos que habitarían la región posteriormente. La media luna fértil avanza hacia el este por el llamado corredor sirio y luego desciende hacia el sur siguiendo el curso de dos ríos que fluyen paralelamente: el Éufrates y el Tigris, que finalmente se unen poco antes de desembocar en el Golfo Pérsico.

Parte Sexta

¿La Civilización?

¡Y de pronto…!

El brusco salto en el desarrollo civilizador de la Antigüedad, inexplicable hasta el momento, ha llevado a muchos a considerar la intervención de entes extraterrestres, sobre todo con la invención de la rueda en el Creciente Fértil hace diez mil años. La civilización no se inició en Sumer hace 4,000 años; también hace 14,000 años, una civilización construyó la ciudad de Tiahuanaco.

En términos generales, Eurasia deviene en la cultura del caballo, el mundo islámico en la mesocracia del camello y el sudeste asiático en la razón social del bovino; y en algunas culturas americanas precolombinas se combina el porteo humano con el de la llama y la alpaca.

El siglo XX es el único que puede enorgullecerse de fundamentar la mayor parte de sus sociedades en el maquinismo; hasta bien entrado el mismo, la tecno–cultura humana es sólo una extensión del radio y aplicación de sus facultades físicas. Será a partir de este siglo XXI que tendrá lugar la total suplantación de la fuerza de trabajo humana y animal, y se entrará de lleno en la nueva etapa de la amplificación de nuestras capacidades mentales y de abstracción.

Al igual que la naturaleza, según la física cuántica, la historia de la civilización procede y evoluciona mediante saltos cualitativos que solemos llamar "revoluciones". Una revolución altera muy rápido sus manifestaciones visibles, si bien posee raíces de largo alcance que actúan de manera casi imperceptible a través de largos periodos de tiempo.

Pero lo propio y más llamativo de una revolución es que acelera los cambios en lapsos de tiempo muy cortos y estos cambios se operan en todos los ámbitos del actuar humano.

Sin embargo, si bien estos cambios son radicales y vertiginosos, no actúan de manera desordenada. Dentro de este aparente caos, se da un orden, no solo cronológico sino, sobre todo, causal en sus manifestaciones, cuyas consecuencias concretas configuran las diversas culturas a través de la historia de la humanidad. Estos cambios cualitativos o "saltos dialécticos", definen el ser y quehacer del humano en el transcurso del tiempo.

En general, las culturas agrícolas desarrollaron una religión más compleja y sofisticada que los pueblos nómadas. Los nómadas llevaban una vida relativamente cómoda. Se sentían capaces de dominar su entorno. Eran gente ruda y fuerte. A menudo efectuaban provechosas incursiones en aldeas de agricultores indefensos.

Para sus pocas necesidades, desconocían lo que era la escasez o falta de recursos. Las únicas cosas que no podían controlar eran las tormentas, las enfermedades y tal vez los enfrentamientos con otros pueblos nómadas. Por ello sus religiones se limitaban a algún "dios de las tormentas" o "del trueno" o "del rayo", a quien implorar clemencia en las tempestades, o quizá a un "dios de la guerra" a quien encomendarse y pedir protección antes de un enfrentamiento.

Por el contrario, los agricultores estaban rodeados de eventos que escapaban a su control. Su nivel de vida dependía de que lloviera en el momento oportuno, de que no hubiera tormentas devastadoras, de que las cosechas fueran buenas, de que los ríos trajesen agua suficiente pero no excesiva, etcétera. Conocían las diferentes estaciones del año y las vinculaban con los cambios de posición del Sol y las estrellas en la bóveda celeste. Así, el agricultor aprendió a rezar ante la adversidad.

La función humana como ciencia

Como apunta Alvin W. Gouldner[1]: "no fue simplemente el previo desarrollo del comercio y los comerciantes lo que socavó la estructura feudal, sino que, al menos en igual medida, el socavamiento del sistema feudal por el anterior desarrollo de las organizaciones que alentó el esfuerzo personal en las aldeas y las ciudades fue lo que preparó el camino para el modo burgués de producción".

Los esfuerzos por sistematizar el conocimiento pueden perfilarse desde los tiempos prehistóricos, en los diseños y pinturas paleolíticas cavernarias, las series numerales grabadas en huesos y piedra, en los artefactos de las comunidades neolíticas. Las matemáticas son tan antiguas como la propia civilización.

Las mismas cumplían una función utilitaria, como ciencia de las cantidades, de magnitudes en geometría, de los números en la aritmética, o de ambos campos en el álgebra.

Fue hacia mediados del siglo XIX, que las matemáticas finalmente se transfiguraron en una ciencia de las relaciones, que proveía los símbolos para establecer una teoría exacta de conclusiones propias y lógicas; de inferencias ancladas en definiciones, axiomas, postulados, y reglas; en esa teoría todas ellas combinaban y transformaban elementos primitivos en relaciones y teoremas complejos. La práctica anticuada de calcular comienza con los dedos de las manos, como prueba la ascendencia de los números 5 y 10 en el actual método numeral.

A medida que la vida se asentaba en tales comunidades aldeanas neolíticas, la necesidad de escribir y contar fue un requisito para medir el tiempo, diseñar las franjas coloreadas en los tejidos, pronosticar el resultado de las cosechas, inventariar el ganado doméstico, etcétera. Incluso en las culturas rudimentarias se requería un sentido del espacio y la geometría para decorar las cerámicas, distinguir las constelaciones, ubicar los dólmenes, obeliscos y tumbas en las pérgolas ritualistas.

La función humana justipreciada como ciencia se manifiesta hace cinco milenios en medio de las civilizaciones que evolucionan en el Medio Oriente, en Mesopotamia y a lo largo del valle del Nilo.

Con los hombres de Mesopotamia y Egipto, el conocimiento se organiza y da paso a diversas especializaciones. Bástenos recordar que tanto la agricultura como la ganadería, las matemáticas, los primeros procedimientos quirúrgicos y la observación sistemática de la esfera celeste se comienzan en estas etapas de la humanidad; y el desarrollo de la escritura, momento del ser histórico a decir del arqueólogo Goran Burenhult[2]. Hoy día, producto de las últimas investigaciones, sabemos que hay dataciones cronológicas del inicio de la escritura en Harappa, la India, de casi 3,500 ane.

Los conocidos récords iniciales o huellas de unas matemáticas organizadas se registran cinco milenios atrás, en tablillas cuneiformes babilonias y papiros egipcios; tales fuentes sirven a los griegos clásicos para expandirlas. En esas matemáticas arcaicas señoreaban la aritmética, el álgebra, la geometría y la trigonometría, por el énfasis heleno en la medición y en los cálculos geométricos.

A través de la historia el conocimiento científico ha sido transmitido, esencialmente, por escritos, muchos de los cuales datan de 4,000 años. Pero ningún texto científico de importancia ha sobrevivido anterior a la geometría de Euclides, en el 300 ane. De los posteriores, apenas la mitad nos ha llegado, algunos en griego, otros preservados por los árabes de la Edad Media.

Los sumerios

Las investigaciones proto–científicas documentadas provienen de las culturas mesopotámicas y su legado de tablillas de cerámica con caracteres cuneiformes contentivas de observaciones astronómicas, catálogos de sustancias químicas, tratados médicos y una rica variedad de tablas matemáticas. Hay tablillas babilonias de 2000 años ane que recogen los teoremas pitagóricos, donde se solucionan las ecuaciones del cuadrado y se glosan sistemas de medidas sexagesimales[3].

Aunque no tenían una ciencia tan desarrollada como los chinos o los egipcios, habían creado una amplia mitología con la que intentaban explicarlo todo. Cada vez se acepta más la influencia de la ciencia egipcia y babilónica en los sabios griegos, algo que ya reconocían algunos de los primeros filósofos de Grecia.

Tales viajó por toda el Asia menor y adquirió muchas de sus ideas de los sacerdotes egipcios. Las técnicas egipcias y babilónicas tuvieron influencia en la civilización griega, en sus elementos teóricos y simbólicos. A diferencia de China o Egipto, existe un escaso desarrollo de las técnicas y las ciencias aplicadas en Grecia, como la física o la química, y con algunas excepciones, como Arquímedes.

Los sumerios crearon enormes templos de piedra, diseñaron esculturas y utilizaron el cobre y la plata para elaborar diferentes tipos de vasijas.

En los babilonios, el número 60 figuraba como la unidad primordial de cálculo –al igual que el uno–, y con tal sistema sexagésimo originaron unas matemáticas relativamente sofisticadas que les permitían dar con las raíces de cualquier ecuación al cuadrado, y algunas cúbicas. A ellos se deben las primeras tablas de multiplicación, división, de cuadrados, de interés compuesto, y de soluciones de integrales.

Las habilidades ingenieras de los sumerios, celebradas en la historia bíblica de la Torre de Babel, se desarrollaron en la construcción de templos, mientras que los conocimientos de los egipcios se revelaron fundamentalmente en la construcción de tumbas.

En efecto, las tumbas fueron las construcciones técnicamente más avanzadas e impresionantes. Se manifestaba así la superioridad incalculable del mundo eterno de la muerte sobre la vida. El culto a la muerte condujo a los egipcios a los principales logros arquitectónicos de su civilización, las pirámides.

Sin dudas, el aliento original para tal actividad radicó en la diligencia por tecnologías para suplir las necesidades materiales. Las modelos elementales de aritmética, geometría y astronomía se fomentaron para servir a la ingeniería y a la agricultura, calcular el tiempo y las cuentas, llevar los anales administrativos y determinar las áreas. Pero sería simplista manifestar que sólo la necesidad tecnológica para beneficio secular o religioso califica como único incentivo de la función científica.

El desarrollo tecnológico, hasta ahora, ha sido proyectado a grandes trancos por dos agentes: el comercio y la guerra, como productos obvios del impulso expansivo y de la subsistencia humana.

Es al lado de los logros industriales, bélicos, diplomáticos o políticos de las ciudades y naciones que tiene lugar el lento y azaroso avance de las disciplinas sociales y espirituales, de todo el pensamiento abstracto humano, y la construcción de las teogonías y filosofías que apuntalarían sus hegemonías.

Este conocimiento científico en Egipto y Mesopotamia, aunque de esencia práctica y religiosa, se practicaba con una rudimentaria metodología racional.

Algunas ideas de la física se debatieron. Los babilonios, egipcios y ciertas culturas precolombinas arcaicas registraban puntualmente la mecánica planetaria y pronosticaban eclipses. Sin embargo, fallaron en predecir la dinámica que gobernaba los movimientos planetarios.

Del Bronce al Hierro

Para el segundo milenio ane, la acumulación de riquezas y la presencia de una vigorosa casta comercial, militar y nobiliaria concedió tiempo y recursos a la curiosidad humana por las ciencias, incursionándose en la solución de ecuaciones numéricas y algebraicas por el solo ejercicio intelectual.

Pero, es una autosuficiencia de nuestra parte pensar que la civilización sólo tiene 4,000 años, a partir de Sumer; o 8,000 años, a partir de Jericó; incluso 14,000 años, a partir de Tiahuanaco.

En el inicio de la civilización en Sumer ya habría alrededor de 100 millones de seres humanos. La urbe de Ur con sus tumbas reales, de alrededor del 2,600 ane, espléndidas y siniestras, llenas de oro y obras maestras, con los cadáveres de los cortesanos, asesinados para acompañar a su soberano en el más allá; la de Marí, con su laberíntico palacio y sus prodigiosos archivos de

15,000 documentos de los alrededores del 2,400 ane, junto con su documentación escrita tan copiosa y que muestra ante nuestros ojos una panorámica histórica y un país rescatados del olvido después de muchos milenios[4].

Egipto y Caldea se han sacudido sus sudarios; las ciudades muertas del Asia central han revelado sus lenguas, que nadie sabía hablar ya, y sus religiones, extinguidas desde hacía mucho tiempo; en las orillas del Indo se ha levantado de su tumba una civilización completamente ignorada.

Desde luego, la mayoría de los grandes desastres de la humanidad han ido en contra de la historia. Montones de manuscritos literarios e historiográficos, los inestimables expedientes de la burocracia imperial romana, se hundieron en la marea de las invasiones. Ante nuestros ojos, dos guerras mundiales han asolado un suelo cubierto de gloria y han destruido monumentos y archivos.

Tal historia es una visión trasmitida por las élites rectoras del sexo masculino, triunfantes en guerras y pugnas civiles; donde los sectores o clases, las tiranías individuales o colectivas, no son solamente retrógradas, sino hostiles al progreso.

El análisis de la civilización histórica es hasta ahora el estudio de los anales del sexo masculino. Lo que de común tienen la Unión Soviética estalinista, la Libia del otrora Muamar Gadafi, los incas pre–colombinos, la Turquía de Solimán, el Magnífico, y la España de Carlos V, era que configuraban sociedades dominadas rígidamente por los humanos.

Pero el logro más impresionante de la civilización antigua fue el de la metalurgia. ¿Por qué razón la Edad de Bronce antecedió a la del Hierro, aun cuando el hierro se halla en mayor abundancia y su manufactura es mucho más simple que la aleación precisa para producir el bronce? ¿Por qué el Sol y la Luna fueron los símbolos heredados de la Edad de Bronce por todas las civilizaciones antiguas?

La cultura es la característica que ha hecho posible que las comunidades humanas ocupen cada medio habitable en la Tierra. La cultura es el patrón de conducta y actividad que distinguen a los humanos del resto de los animales. Ningún otro animal tiene una cultura.

Primero, el humano moderno utiliza un grupo de herramientas compuestas por implementos hechos a partir de un patrón estándar que se extiende de un lugar a otro.

Segundo, el humano guarda información acerca de la sociedad, la tecnología y el medio en un lenguaje simbólico que no puede compararse con el "lenguaje" de ningún otro animal. Sólo los humanos crean fonemas estándares para comunicar ideas abstractas. El lenguaje es una especie de tecnología que permite registrar las ideas y las técnicas de supervivencia.

Los agricultores podían cosechar más de lo que necesitaban consumir, lo que propició que algunos humanos optaran por especializarse en producir otro tipo de bienes que canjear a los agricultores por sus sobrantes.

Así, tras la cerámica surgió la cestería y luego la elaboración de tejidos. Se formó una importante aldea en donde después estaría la ciudad de Ur. Allí surgió una comunidad de comerciantes que llegaron a recorrer por mar las costas de Arabia. Su emplazamiento está actualmente lejos del mar, pero entonces la costa llegaba hasta sus inmediaciones.

Hay constancia de que durante un cierto periodo la aldea fue completamente inundada por el mar. Es posible que este suceso fuera el origen de una leyenda que pervivió durante milenios en la zona sobre un "diluvio universal", que supuestamente había inundado la totalidad de la Tierra.

El mapa muestra otras aldeas fundadas en esta época que con el tiempo se convertirían en ciudades importantes. Al norte de la media luna fértil, cerca del nacimiento del río Tigris, se fundó la urbe de Nínive, que miles de años después sería la capital del poderoso imperio de Asiria.

La cultura neo-lítica

Mientras tanto, la vida en la meseta de Anatolia debió de ser especialmente difícil. El único avance cultural durante el sexto milenio fue la construcción de fortalezas, signo de que sus habitantes sufrían frecuentes incursiones de pueblos nómadas vecinos. En Egipto las condiciones eran más propicias que las de Mesopotamia o Canaán, por lo que la zona permaneció ajena a los avances de estas regiones y continuó en su tradición mesolítica de caza y recolección durante todo el milenio.

Por el contrario, la cultura neolítica se extendió desde el oriente próximo hacia Europa. Hacia el año 6,000 ane, aparecen las primeras comunidades agrícolas en el sureste de Europa y a lo largo del milenio se extendieron a lo largo de la costa mediterránea. Así mismo apareció la agricultura alrededor del valle del Indo[5].

A lo largo del V milenio la cultura neolítica se expandió y consolidó por Europa, Asia y África. La prosperidad fue tal, que en este periodo la población mundial pasó de unos 10 millones de habitantes hasta casi 50 millones. En Europa y África central surge la cultura megalítica, caracterizada por la construcción de grandes monumentos de piedra: a veces simples piedras levantadas a modo de columnas, a veces alineadas según ciertos patrones, otras en forma de enormes losas horizontales apoyadas sobre otras dos verticales, etcétera.

Naturalmente, estas construcciones debían de estar asociadas a nuevos rituales y creencias más o menos sofisticadas, típicos de la cultura neolítica. En Grecia se desarrolló la navegación por el Egeo, que llegó hasta la isla de Creta. En Asia la agricultura continuó extendiéndose lentamente por el valle del Indo.

En América el progreso fue ligeramente más lento: en algunas zonas de México y Perú hubo pueblos de cazadores–recolectores que empezaron a llevar una vida sedentaria. Domesticaron animales e inventaron la cerámica. Los cultivos eran muy variados, pero la agricultura les proporcionaba sólo una pequeña parte de sus recursos. También aprendieron a tejer fibras vegetales.

En China se formaron asentamientos mesolíticos a lo largo del río Amarillo[6], donde finalmente se aprendió a cultivar el arroz. En el lago Baikal se originó un complejo de culturas nómadas que se extendió y diversifico por Siberia y Asia central. Su influencia llegó hasta China. Al oeste de los montes Urales surgió una cultura de pastores nómadas, entre el Mar Caspio y el Mar Negro. Sus integrantes hablaban una lengua común, conocida como indo–europeo.

La península Arábiga y el norte de África fue poblada por otro grupo humano que también hablaba una misma lengua, conocida como Afroasiático o Camito–semítico. No obstante, el desierto del Sinaí supuso una separación permanente entre Arabia y África, por lo que las variantes dialectales del Afroasiático de Arabia formaron pronto un grupo de lenguas bien diferenciadas de las africanas, conocidas como lenguas semíticas.

Las tribus de Arabia se hicieron ganaderas, mientras que las del norte de África continuaron viviendo durante mucho más tiempo de la caza y la recolección, pues el territorio era mucho más fértil. Los mayores avances se produjeron en la Baja Mesopotamia, esto es, la parte más cercana a la desembocadura del Éufrates y el Tigris. El sistema de canales que habían ideado en la parte alta de la región llegó hasta el sur, lo que permitió aprovechar plenamente las posibilidades que ofrecían los ríos, dando origen a una agricultura de irrigación que convirtió la zona en la más fértil y próspera de la época.

La organización tribal

Además de la agricultura, florecieron el comercio y la alfarería. Los mercaderes inventaron un antecedente de la escritura: el sello. Los recipientes de barro se marcaban con sellos planos que imprimían un relieve distintivo de su propietario o de su contenido. A finales del milenio algunas ciudades llegaron a contar con 10,000 habitantes.

Las primeras comunidades de humanos son de organización tribal. Hasta entonces, las aldeas pequeñas tenían una estructura tribal, formadas por unas pocas familias que obedecían a algún patriarca, pero las grandes ciudades requerían una organización que no descansara en vínculos familiares.

Así, las ciudades mesopotámicas se fueron convirtiendo en ciudades–Estado. Cada ciudad dominaba y cultivaba las tierras de su entorno y era gobernada por un rey.

La administración corría a cargo de los sacerdotes. Éstos ejercían de tesoreros y recaudadores de impuestos y, en la medida en que su autoridad residía en su papel de intermediarios con los dioses, la religión se fue sofisticando más y más.

El templo era el centro de cada ciudad. Además de la clase sacerdotal, surgió una aristocracia y una burguesía que originó una demanda de adornos, tejidos y obras de arte. El modo de vida de la Baja Mesopotamia fue imitado rápidamente por el resto de la media luna fértil, que mantuvo una cultura similar.

En la península del Sinaí se descubrió la fundición del cobre, y el sistema se extendió rápidamente tanto hacia Mesopotamia como hacia Egipto. Hacia el 4,500 ane, el sur de Canaán fue invadido por un pueblo que conocía la fundición del cobre. Por la misma época aparecen los primeros poblados neolíticos en Egipto, junto al lago Moeris, algo al oeste del curso del Nilo.

Las inmediaciones del río Nilo hubieran requerido un sistema de canales similar al de Mesopotamia para ser aprovechadas adecuadamente, por lo que las zonas cercanas[7] eran más adecuadas para una población que acababa de descubrir la agricultura y la ganadería.

La metalurgia del cobre prosperó en Irán, que importaba el mineral de la India y lo exportaba manufacturado a Mesopotamia, junto con oro, plata y piedras preciosas. El cobre fue especialmente útil en Mesopotamia. El oro y la plata son blandos, y sólo servían para confeccionar adornos.

El cobre, en cambio, es más duro y servía para fabricar armas más efectivas que las de piedra, armas con que repeler las incursiones de los nómadas, que se hacían más frecuentes cuanto más prosperaba el valle.

Por una parte estaban los rudos pastores que habitaban en los montes Zagros, al Este, y por otra los habitantes del desierto arábigo al suroeste. Las ciudades–estado se fortificaron, como ya habían hecho tiempo atrás las de Anatolia.

Egipto, en cambio, estaba rodeado por el mar, el desierto y las cataratas del rio Nilo, así que vivió mucho más tranquilamente que

Mesopotamia durante mucho tiempo. Hacia el año 4,000, la Baja Mesopotamia no pudo resistir por más tiempo la presión de los pastores, que invadieron la región desde los montes Zagros y se asentaron en ella, sumiéndola en una profunda crisis.

Es el realismo que aparece como una forma de madurez inquietante en la vida de las artes. Pero la cronología no es, pues, indicativa de la madurez de un arte. Una figura magdaleniense de hace 10 milenios muestra una exactitud anatómica o "fotográfica" mayor que una determinada figura asiria de 8 milenios después.

Esta sociedad, represiva en todos los órdenes, incluyendo el sexual, sacrifica exorbitantes masas humanas no sólo en sus contiendas bélicas, sino también en la construcción de tumbas, templos, iglesias, mezquitas y palacios, infuncionales para el desarrollo y el progreso, pero necesarias para simbolizar la magnitud de su poder.

Ella se enorgullece en la creación de ciudades amuralladas, como Troya, Nínive, Constantinopla o Roma, y exhibe su logro más impresionante en los artefactos de guerra fabricados con maderas o metales, como lanzas, espadas, mazas, hachas, arietes, escudos, armaduras, cañones, fusiles, pistolas, tanques, portaaviones, caza–reactores, cohetes y demás parafernalia bélica.

Las Ciudades Estados

El crecimiento acelerado de las ciudades y la migración de las zonas rurales forma parte de este control al cual estamos expuestos.

Las nuevas tecnologías que permiten abaratar los costos de las cosechas, la agricultura industrial y la crisis ambiental han logrado que la población rural emigre a las ciudades, donde a base del consumismo de productos desechables y pequeñas dosis de felicidad virtual mantienen a la población controlada.

Esto es más difícil de lograr en las zonas rurales, donde la exposición a las nuevas tecnologías no siempre resulta exitosa y han sido en los últimos años de la historia las nuevas tendencias que han marcado una diferencia en lo referente a la lucha social y al replanteamiento de la necesidad de cambios estructurales.

Antes de la famosa ciudad–Estado de Akad, existieron en el Medio Oriente reinos e imperios, ciudades–estados cuyos récords se han perdido en el tiempo. Un inexplicable y misterioso salto en la civilización ocurrió en Mesopotamia en el siglo IV ane, desde una forma de vida y conciencia tribal atada a la naturaleza circundante, estadío en que se mantuvieron los hebreos con su *Biblia* a una consideración reglamentada por el cosmos.

Las primeras ciudades se construyeron en Mesopotamia, junto a un valle situado entre las riberas del Tigris y del Éufrates. Los sumerios, sus constructores, también inventaron la escritura.

La civilización mesopotámica se desarrolló entre el 3,500 y el 1,500 ane. Es precisamente hacia el 3,500 ane que los sumerios comenzaron a utilizar símbolos para representar primero los números y luego las palabras. Asimismo, entre el 3,500 y el 3,100 ane, sus pobladores comenzaron a utilizar sellos cilíndricos para distinguir las mercancías que se intercambiaban en el sistema comercial del valle.

También desarrollaron la escritura como vía para registrar el curso de sus complicadas transacciones comerciales, y por cientos de años la escritura sólo se utilizó para los limitados propósitos del comercio. Fueron precisamente los sacerdotes, desde sus templos, los que llevaron con cuidado el registro de las operaciones comerciales realizadas en las nuevas ciudades.

Resulta un tanto extraño que sea exactamente en el registro de las operaciones de negocio donde se ubica el nacimiento de la civilización; la escritura permitió a los sumerios realizar complicadas transacciones, imposibles sin el registro escrito. La complejidad es el distintivo de la civilización.

Entre el 2,370 y el 2,200 ane, bajo los reinos de Sargón, de Akad y de sus sucesores, se utilizó, por primera vez, la escritura con propósitos diferentes a los del comercio. Ellos constituyen los primeros registros escritos de las ideas religiosas de un pueblo de la antigüedad y de su conciencia histórica.

Entre el 2,200 y poco antes del 2,000 ane, se desarrolló una escritura pictográfica con formas abstractas, llamada cuneiforme más compacta y versátil que la anterior.

A 900 millas al sur de Mesopotamia, el río Nilo proporcionó las condiciones necesarias para el desarrollo de una agricultura irrigada. Sus primeras villas agrícolas datan de principios del quinto milenio ane.

El Código de Hammurabi

Entre el 1792 y el 1750, se creó el *Código de Hammurabi*, un texto legal que contenía un conjunto de regulaciones para estandarizar a los habitantes del reino. Sus regulaciones conformaron la base de las innovaciones económicas y sociales porque el conocimiento de la ley hizo que los mercaderes y los oficiales subordinados pudieran actuar de forma independiente.

La unificación del Egipto Norte y Sur[8] en una monarquía centralizada, así como el éxito de los sucesivos reinados para generar los recursos y la paz necesaria, produjeron adecuadas condiciones para un rápido progreso cultural.

Egipto da lugar a un orden hierático de ordenación inmutable, donde la monumentalidad de las obras que se acometen impone un orden brutal. La conformación del sincretismo divino de Amón–Rá, preludiaba la posibilidad de un monoteísmo egipcio, que luego se logró en un instante dinástico.

Ningún avance en el desarrollo tecnológico humano ha sido tan súbito y espectacular como el de los enigmáticos megalitos, o la edificación de las pirámides, cuyo uso aún nos resulta un misterio[9].

Entre el 2,050 y el 1,750 ane, se había formado completamente la clase burocrática. Los escribas, como se llamó a los empleados del estado, establecieron un sistema escolástico que permitió a los humanos de talento, con un origen muy humilde, ascender al servicio estatal.

Se creó una cultura literaria, que conformó una base para una forma de educación denominada clásica –que incluía lenguaje y retórica– en los valores y la ideología de la elite educada. Los tres segmentos de la clase más alta –escribas, sacerdotes y militares– controlaban las riquezas de la sociedad.

Por otra parte, la disponibilidad del papel de papiro para mantener sus registros escritos, en lugar de la piedra y de las tabletas de arcilla de los sumerios, proveyó a los egipcios con un medio para la escritura barata y fácil de utilizar, con ventajas claras para la diseminación de largos textos escritos.

La civilización egipcia envuelta en su conquista del tiempo y en su obsesión por las imágenes colosales, tiene su máxima representación en el conjunto de pirámides de Gizé con sus precisas dimensiones, que revelan por vez primera el poder del Estado, y su capacidad para establecer una organización minuciosa del trabajo, de los abastecimientos y la transportación masiva.

Entre los textos egipcios de ciencia que han perdurado se hallan los célebres papiros *Rhind* y *Golonishev*, ambos del 1,750 ane, que muestran el uso de un sistema decimal de notación. En geometría, los egipcios determinaron las áreas de los triángulos, rectángulos y trapezoides, además de los volúmenes de figuras como el ladrillo, los cilindros y las pirámides. Inclusive, los egipcios se sirvieron de las matemáticas para su actividad comercial y su agricultura.

Las diferencias entre la civilización egipcia y sumeria son evidentes. Mientras que los sumerios emplearon inicialmente la escritura para mantener una contabilidad en los templos y los registros del comercio, los egipcios parecen haberla utilizado, en primer lugar, en relación con el culto a la muerte. Las primeras escrituras egipcias se remontan hacia los años 3,800 ane.

Contemporáneos a ese período son los documentos descubiertos en el valle del Nilo, con prescripciones para el tratamiento de heridas y enfermedades, con controles para uniformar la distribución de pan y cerveza, y estudios sobre los volúmenes de las pirámides. La cirugía alcanzó un grado relativo de sofisticación, y junto al extenso uso de medicamentos se logró practicar una medicina masiva y popular.

La inmensidad de ambas urbes causa asombro al comparar con las ciudades de otras civilizaciones contemporáneas. Estas urbes mostraban excelentes sistemas de drenaje construido de ladrillos para las aguas negras y excretas de las casas, muy superior al de las ciudades europeas del siglo XIX.

Quizás ya desde los inicios estaba planteada la disyuntiva de la humanidad; o nos regimos por la elite científica o por los políticos y militares. Quizás era una fase demasiado temprana de la civilización para que lo más racional se impusiera.

La Antigüedad, ¿por qué clásica?

La antigüedad fue el único ciclo de la historia donde las élites científicas[10], determinaban y regulaban los parámetros por donde se regía la vida política y estatal. Así fue en Sumer, Babilonia, el Egipto de las primeras dinastías, los manuscritos Veda y la China antigua. Pero el equilibrio se fue alterando en favor de la elite burocrática–militar que precipitó la expansión... ¿determinada por las circunstancias o por el instinto humano?

Puede encuadrarse como una de las etapas claves de la civilización (después del 3,800 ane) la que engloba los resultados de la Grecia, Palestina, Irán, India y China entre el 800 ane, y el 200 ane. Es la China de Confucio y Lao–Tsé; la India de los Upanischadas y el budismo; el Irán de Zaratrusta; la Palestina de los profetas y la Grecia de los filósofos.

El humano se plantea ahí los problemas de su trascendencia, finitud, limitaciones, objetivos y soluciones, destronando definitivamente la mitología, las verdades indiscutibles y abrazando la esencia del logos.

Lo que el filósofo Karl Jaspers ha dado en llamar "tiempo eje". Es discutible si este período es realmente "el corte más profundo de la historia"; sin dudas, la civilización de Sumer y el XX e inicios del XXI podrán marcar un viraje trascendente en el pensamiento del homo.

Ciertamente, en ese período se echaron las bases de nuestras actuales concepciones filosóficas, religiosas, éticas, morales, políticas e históricas. El humano espiritual y especulativo entraría en escena y con ello inauguraba opciones amplias en el orden de la razón; comienza a liberarse de su pertenencia a la multitud avanzando como unicidad.

Esta edad estará caracterizada por las ciudades–estados, una producción agrícola y artesanal y un comercio dinámico, así como un alto resultado en filosofía, cultura y religión en este "arco de pensamiento". El Renacimiento sería una remodelación de aquella época y nada más.

Resulta interesante la comparecencia asombrosamente sincrónica del persa Zaratrusta, de Buda en la India, de Confucio en China, de los profetas bíblicos y los primeros filósofos de la Hélade. Y lo que es más sorprendente es la ausencia de contactos entre estas fuentes trascendentales del pensamiento humano.

¿Acaso estamos en presencia de una resultante lógica y automática de la evolución del homo sapiens?

¿Era la consecuencia esperada de una previa civilización de ciudades–estados fundadas sobre un traspaís agrícola?

Pero mucho más que una comparecencia simultánea sobre bases comunes por las que hubiese discurrido la humanidad con una resultante semejante, cada uno de tales sistemas contenía más elementos dispares que comunes y sus resultantes fueron diametralmente opuestas.

Eran alternativas que se presentaban al homo sapiens pero con destinos diferentes; algunas de ellas llevarían a un callejón sin salida.

La primera organización estatal resulta uno de los fenómenos más inexplicables de la civilización; ella no es el producto lógico y natural de su formación biológica o de un avance gradual, sino el fruto de sus facultades mentales creativas, amoldadas para la supervivencia y preeminencia en el brutal reino animal.

La perdida Edad de Oro

Las principales tradiciones orales de los pueblos euroasiáticos, así como el relato de muchos escritores antiguos, hacen referencia constante a la presencia de sociedades avanzadas mucho antes de las que actualmente conocemos, como la raza de gigantes constructora de ciclópeos monumentos en Inglaterra, Europa, África, Medio Oriente, Asia y América. Según el historiador Herodoto de Halicarnaso, los sacerdotes de Amón le relatan que antes de ellos concurren 341 generaciones de egipcios, retrocediendo la cronología faraónica en 11,340 años.

Ibn Jaldún, el famoso historiador norafricano, manifestó que previo a Sumer existía el Estado de los coptos, gestor de las artes y las ciencias que heredan los sumerios y caldeos. Platón, por su parte, se refiere a la controversial tradición de la Atlántida[11].

El desarrollo de la metalurgia promovió la especialización en muchas áreas de trabajo, y la escasez de metal, piedra o madera en los valles aluviales regularizó las relaciones comerciales a gran distancia.

Tanto los primeros asentamientos agrícolas neolíticos como los iniciales polos culturales ribereños y las maquinarias imperiales de la banda ecuatorial planetaria legitiman el impulso humano con cuerpos doctrinarios y filosóficos movilizadores, cohesionadores y portadores de una "verdad absoluta", del derecho histórico y de la sociedad perfecta del futuro.

Esta apertura de pensamiento conlleva la impostación de un orden regulador, de un estado omnipotente y autoritario, con la autosuficiencia de la eternidad imperial. En el caso de China con la dinastía Tsín Schi Huang Tí, en la India con la dinastía Máuria, en las planicies iraníes con las dinastías medo–persas, en Grecia y Asia

Menor con la helénica y en la cuenca mediterránea con la romana y cartaginesa. En Europa y Asia la conquista y destrucción de culturas fueron las piezas claves para el desarrollo, mediante el simple mecanismo de subordinar a los más débiles.

Así, la caída y desaparición de esas grandes urbes y confederaciones fue una constante, como la caída de Cartago o de Atenas, mientras el Egipto faraónico sólo ha dejado la majestuosidad de sus ruinas sin mostrar ni importar la estela de destrucción que tuvieron que recorrer para llegar a ese punto de progreso.

No se puede juzgar ni clasificar nuestra civilización pre-histórica conocida a partir de los instrumentos y herramientas manufacturados por el homo lítico, como ha intentado la arqueología, pues estos artefactos resultan un mero aspecto, en algunos casos aislado, dentro de un conjunto cultural en progresión más amplia. Sin duda, una herramienta, un hacha de piedra por sí sola, no es un proceso, ni implica toda una cultura.

Si bien el humano se adaptó a los rigores del medio ambiente con la ayuda de tales útiles, lo hizo porque estaba inserto en una cultura de admirable riqueza espiritual. Junto a los avíos de pedernal se hallaban el arte, las narraciones orales, las ceremonias con cantos y danzas que reflejaban la naturaleza y su estado de ánimo, la religión con pasajes de iniciación a la madurez sexual, los ritos funerarios, la profusa ornamentación personal e, incluso, el lenguaje.

Y fue, precisamente, este conjunto, sirviendo a un mismo propósito, lo que impulsó su desafío, le consolidó en grupos sociales, allanando al humano el constituir una forma de vida en un tiempo específico, brindándole fuerzas para no sucumbir.

No hay civilización que sea superior a las demás bajo todos los aspectos, porque hay desarrollos que aparecen como verdaderamente incompatibles. No todo es despreciable en las demás civilizaciones porque difieren de una cualquiera. El estudio de las doctrinas orientales ha hecho ver los defectos de Occidente y la falsedad de muchas ideas que tienen curso en el mundo moderno.

Los otros rumbos plausibles

Este imperio comercial fenicio–cartaginés, tras colonizar el África Occidental, se hubiese lanzado, en pocos siglos, a la aventura atlántica descubriendo América un milenio antes de Cristóforo Colombo, el Almirante de la Mar Océano, introduciendo una historia diferente para este continente, desconectado entonces de la cultura anglo–germana del norte europeo.

Escindido el mundo antiguo Mediterráneo en dos polos civilizadores, Cartago en el Occidente y Persia y Egipto en el Oriente, la cultura faraónica egipcia, truncada por las huestes macedónicas y romanas, hubiese mantenido su milenaria continuación hasta nuestros días.

El feudalismo como escollo al comercio no se hubiera generalizado; la Edad Media hubiese contemplado, entonces, unidades geo–estatales más coherentes y definidas, con la América púnica, el Imperio cartaginés del Mediterráneo occidental, el Imperio egipcio, el persa, el yemenita sudarábigo, el hindú, y el Imperio asiático chino.

De haber sucumbido Roma en las guerras púnicas, el latín, el egipcio y el griego no se hubiesen transformados en *lingua franca*. Genghis Khan se hubiese tropezado con un formidable enemigo en el Volga y en el Caspio, y la expansión islámica moriría en las fronteras de Siria.

El Medioevo discurriría estructurado en cuatro grandes conjuntos: el Imperio alejandrino, el Imperio chino–mongol, el Imperio Persa y el indostánico.

Si el mundo antiguo no hubiese sucumbido a los embates de los bárbaros invasores, si no hubiese sido preciso consagrar más de cinco siglos a la educación elemental de estas nuevas naciones, la conjunción del pensamiento cristiano y el pensamiento griego, poderosamente sostenido por la estructura del Imperio romano, habría sido capaz de generar en breve término una cultura y una investigación científicas iguales a las del siglo XVI.

En el año 1241 un rodillo militar de medio millón de jinetes mongoles dirigidos por el Khan Batú (1203–1255), nieto de Genghis Khan, y sus hábiles generales Sobutai y Kashdán acampados en los Cárpatos, las planicies húngaro–polacas y el Adriático, y prestos para el asalto final sobre la restante Europa, se convocaron al Asia para asistir al entierro del Khan Ogadái, y elegir un nuevo regente[12].

Este funeral salvó a la cristiandad de ser barrida y asiatizada – como lo fue Rusia–, factor que hubiese impedido la manifestación del Renacimiento, del Humanismo, la Reforma, el Iluminismo y la aparición de los estados nacionales.

Un Napoleón Bonaparte vencedor de la batalla de Waterloo implicaba una Francia como potencia europea hegemónica y un mundo moderno diferente.

El nazi Adolfo Hitler pudo haber vencido a los soviéticos e invadido Inglaterra, y el mundo fuese hoy diferente, con tres bloques homogéneos y diferentes: Eurásia germánica, Asia–Pacífico japonesa y el continente Americano de Estados Unidos.

¿Cuántos "feudalismos" se han sucedido en el mundo, desde China hasta la Grecia de los aqueos, hasta las bellas Cnémidas?

La mayor parte casi no se parecen. Y es que cada historiador comprende la palabra a su manera.

¿En qué fecha fijar la aparición del capitalismo, no el de una época determinada, sino del capitalismo en sí, del capitalismo con una C mayúscula?

¿En la Italia del siglo XII? ¿En el Flandes del siglo XIII? ¿En el tiempo de los Fugger y de la bolsa de Amberes? ¿En el siglo XVIII, tal vez en el XIX?

Tenemos tantas actas de nacimiento como historiadores.

¿Es exacto que el advenimiento del Segundo Imperio introdujo un nuevo periodo en la economía francesa?

¿Tenía razón el economista alemán Werner Sombart al identificar la expansión del capitalismo con la del espíritu protestante?

¿Está en lo justo el ensayista francés, Thierry–Maulnier (Jacques Talagrand), al descubrir en la democracia la "expresión política" de ese mismo capitalismo?[13].

Europa, en la euforia de su revolución industrial burguesa, elaboró la noción del progreso técnico como condición del desarrollo de las "bellas artes y letras". De esta forma las civilizaciones extra–europeas se clasificaron a partir de su índice de tecnicismo.

La espiral histórica

Así fueron condenadas de por vida las zonas colonizadas del África, y también las del Asia: una carencia en un terreno afectaba a todos los demás. El escaso nivel técnico de una civilización o comarca implicaba su inferioridad cultural; sólo restaba copiar los modelos, las técnicas y asimilarse a las corrientes; todo lo demás resultaba un burdo "primitivismo". Los elementos culturales, psicológicos y estéticos con que nos enfrentaremos no constituyen modelos habituales en las historias corrientes. Hasta hace poco se mostraba una imagen distorsionada de las culturas africanas y asiáticas; en su carácter estático y de aislamiento. Ha existido una sórdida y tenaz campaña desplegada en la supuesta edad de oro del colonialismo, con vistas a denigrar la personalidad histórica y cultural del africano y del asiático.

Si bien el inicio de la descolonización ha significado la aspiración de edificar las historias particulares ausentes de los prejuicios que gravaron las investigaciones del colonizador, éstas con frecuencia suplantan el mito colonizador por otro mito, cambiando con superficialidad los papeles en la trama, forzándose la búsqueda de situaciones históricas, movimientos y personajes de la antigüedad, cayendo en la misma trampa de los colonialistas.

Para la mayoría de los occidentales actuales la inteligencia se reduce a una parte ínfima de la razón, a lo más elemental, aquella relacionada con el mundo sensible.

El racionalismo será entonces la verdad absoluta; el intuicionismo contemporáneo rebajará la verdad relativa a una representación de la realidad sensible; y el pragmatismo desvanecerá la noción misma de verdad al identificarla con la de la utilidad.

En vez de cerrarse en un círculo eterno sin salida[14], la humanidad fue empujada por un instinto de conservación hacia una espiral en ascenso, cuyos primeros giros han sido a costa de otras especies y de grandes grupos de su propia especie.

Nuestras guerras, inexplicables, acaso son el producto inconsciente del instinto animal de preservar o conquistar "territorios de caza", de aquella preparación evolutiva filogenética para algo que ya no hacemos: cazar y matar animales para subsistir.

Pero lo que es extraordinario, es la pretensión de hacer de esta civilización anormal el modelo de "civilización" por excelencia, la única que merece este nombre. Como también la creencia en el "progreso" identificado con el desarrollo material. Estas ideas de "civilización" y de "progreso" no son universales, son de invención reciente.

La civilización era, en suma, la Europa misma, un título que se otorgaba a sí misma, un punto de vista "simplista" del desarrollo continuo y unilineal. La concepción del progreso indefinido aparece en el siglo XVIII, y con ella la falsa idea de que se entraba en una era nueva, la de la civilización absoluta. Sin embargo, la realidad es que aún vivimos de la antigüedad, y allí no existía ningún término para designar lo que entendemos por civilización.

Existen diversas "civilizaciones", y tienen lugar "progresos" que no afectan a todo, sino a un dominio definido. También hay regresiones, incluso cíclicas, como planteó Ibn Jaldún[28]. Por ejemplo, la historia se halla colmada de interpretaciones tendenciosas, limitada a trabajos de simple erudición, a investigaciones insignificantes sobre detalles. Se halla acomodada en la mayoría a intereses políticos, y por eso descarta a priori todo lo que permitiría ver claro muchas cosas.

Hay periodos donde el humano aprende algunas cosas, hay otros donde olvida otras. Occidente moderno no ha aprovechado la mayor parte de los conocimientos acumulados por los caldeos o los egipcios.

Hay ciencias cultivadas en la Edad Media europea de las que ya no se tiene la menor idea. Hay civilizaciones que se ignoran mutuamente, como en la actualidad la occidental en relación a las orientales.

La civilización euro–occidental juzga a las demás según ella misma y presta sus propias preocupaciones, como también sus maneras de pensar, y no se percata de que pueden existir otros horizontes mentales.

No entiende que su modelo es de análisis y dispersión, mientras que el oriental es de síntesis y concentración. No es sólo su complacencia en la afirmación de la superioridad imaginaria que se atribuye; el error es su espíritu de conquista disfrazado bajo el proselitismo "civilizador".

Occidente olvida que no tenía existencia histórica cuando las civilizaciones orientales habían alcanzado su pleno desarrollo. Los caracteres étnicos heterogéneos de los pueblos euro–occidentales, desaparecen cuando se mezclan con otras.

A diferencia, la civilización china ha mostrado siempre una facultad de absorción, asimilando siempre a sus conquistadores sucesivos. Por el contrario, la civilización japonesa se ha caracterizado por una tradición de expansión, de establecer su hegemonía en su contorno; y es que el sintoísmo japonés eleva al guerrero, a diferencia del taoísmo chino.

En la conciencia universal existen pocos malentendidos tan trágicos como el rezago legado por la trata y colonización afroasiática e indoamericana.

Lo indemostrable

Sin dudas, tal incidente conlleva un enfrentamiento conceptual de dos cauces civilizadores, afianzados cada uno en su originalidad: totalmente indefensa, hasta mediados del siglo, la de estirpe no–europea y, erguida a horcajadas sobre ella, la del clasicismo judeo-cristiano.

Karl Marx buscó demostrar que el turno siguiente para impulsar la revolución científico–técnica y liquidar las injusticias económicas y sociales correspondía a una clase sin calificación técnica, científica, cultural o política, que por la sola razón de resultar la más "explotada" en el sistema capitalista y por su posición ante los instrumentos de producción disponía de una tendencia natural hacia el comunismo.

La ideologización que fundamentaba la dictadura del proletariado presentaría a los obreros como la clase elegida para construir la nueva sociedad, al resultar la única con posibilidades de salir ilesa en su confrontación con la burguesía.

Alimentado por las crisis que escenificaba el capitalismo de su época, de la extrema polarización de riquezas, la depauperante situación del asalariado decimonónico y los dilemas demográficos, Marx concluyó en tal determinismo anunciando que en los poros de la vieja sociedad se había modelado otra sociedad nueva, la cual tenía que hacer saltar la corteza política de la vieja.

La médula residía en que el proletariado, polo positivo, sería en el agente consciente de todo este proceso.

El determinismo marxista asentará la estrategia de catalizar las llamadas condiciones subjetivas existentes, para así propiciar la revolución proletaria. Este criterio arranca del concepto de que la sociedad se debate constantemente entre el desarrollo técnico–productivo por un lado y las formas de propiedad, apropiación y distribución de riquezas por otro.

Así se conformaría una pirámide simplista donde la base de la sociedad correspondería a las relaciones económicas, con una supra–estructura donde coexistían diversas manifestaciones sociales estrictamente compartimentadas en clases, subclases y estratos. De ella derivarían los ideólogos marxistas y partidos comunistas la falacia de revolucionar la sociedad por segmentos y estadíos.

Se consideraba que con el socialismo acaecería el mismo mecanismo: una pretendida vanguardia profesional, los marxistas, aprovechando coyunturas de crisis sociales y económicas y abogando por el apoyo de los proletariados y campesinos, se derribaría sangrientamente a la burguesía.

Mucho más que un choque entre clases contradictorias cuya resultante sería una síntesis, donde la clase explotada supuestamente derroca a su explotador y propicia un nuevo orden social, la historia demuestra lo contrario; el explotado, ya sea comunero, esclavo, siervo o proletario, jamás ha derrocado a su explotador y se ha hecho del poder; las luchas políticas se han desempeñado en el nivel del poder político y la clase y grupos explotadores (burocracia, esclavistas, nobles, burgueses, tecnocracia), en sus luchas con las clases o grupos hegemónicos, han sido los que han instaurado las nuevas relaciones sociales de explotación que abanderaban. Los explotados simplemente sólo han visto cambiar su status de productor a lo largo de la historia.

Hasta ahora la civilización ha decursado a través de las poleas de las clases y grupos en el poder; de ahí las desconcertantes cabriolas que ha tenido que hacer el marxismo en su "lógica" materialista, que pretende, por ejemplo, imbricar históricamente a un Espartaco con Alarico "el Godo", pese a estar distanciados por seis siglos; o entre el reformista y líder rebelde alemán Thomas Münzer y Maximiliano Robespierre, con cuatro siglos de diferencia, y entre el conde de Saint Simón y el ruso Vladimir Putin.

La historia pre-determinando al humano

Por otro lado, las leyes de la historia darían lugar de forma predeterminada a la siguiente formación social, resultando un determinismo antifilosófico. Tal dicotomía hundía sus raíces en la teología cristiana, en la disputa entre libre arbitrio y ley natural.

También esta dualidad se halla en el pensamiento greco–latino, en la ley sagrada (*Moira*) y la necesidad de forjarse individualmente el destino; esta contradicción insoluble del marxismo es sólo un reflejo del pensamiento occidental.

Al presentar la historia de la humanidad como un proceso donde, obligatoriamente, las etapas económicas son sustituidas por otra más avanzadas, y al alegar, por otra parte, que el comunismo era la fase siguiente al capitalismo, los marxistas expresaban su derecho a tomar el poder como fuese, y destruir la sociedad capitalista y sus representantes.

La toma por la fuerza del Estado, la eliminación física de la oposición, la dictadura de clase, la supresión de la propiedad privada, la intervención activa, etcétera, todo se hace para que se cumplan las leyes impersonales de la historia.

Fue a raíz del conflicto chino–soviético, el proceso de desestalinización y el redescubrimiento de los textos *Grundiss* de Marx lo que provocó la peligrosa polémica sobre el modo de producción asiático.

Al definir el modo de producción asiático como una formación donde el aparato estatal disponía de una prerrogativa superlativa, Marx y Engels expresaron que la historia ha presenciado formaciones socioeconómicas basadas en la propiedad agrario comunal, trabajadas por humanos libres o sema–esclavizados, regidos por castas burocrático militares, las que sin ostentar la tenencia de tales medios de producción se apropian del plus producto mediante los mecanismos estatales y comerciales bajo su férula.

Esta realidad obligó incluso a Engels, en su *Anti–Duhring,* a realizar un malabarismo respecto a la teoría de clases y la naturaleza del Estado, aunque no pudo evitar admitir que en el modo asiático éste no es el resultado de la disparidad clasista, siendo el gestor de una clase dominante a partir de las funciones estatales, paralelo a la formación de clases a partir del modo de producción[15].

Estos pasajes herejes de los clásicos del marxismo, soslayado por sus discípulos, derriba el axioma de que el Estado responde a una clase social propietaria y que donde no hubo necesidad de grandes obras de construcciones públicas el Estado surgió tardíamente[16].

Los marxistas en las décadas sesenta y setenta, se cuidaron de sacar las conclusiones lógicas del modo de producción asiático, o de la etiología del Estado burocrático definida por Engels, pues ello era reconocer que el Estado socialista podría gestar la desigualdad de niveles y riquezas de una clase explotadora y que tanto en las sociedades asiáticas como socialistas.

El Estado coadyuvó al estancamiento de la producción y la productividad.[17]

"El concepto de un especial modo asiático de producción es teóricamente infundado, porque contradice los cimientos de la enseñanza marxista–leninista sobre las clases y el Estado".

El hecho de que el Estado burocrático ha tenido su marco histórico en las sociedades euroasiáticas y poco desarrolladas, responde a que en el Occidente compareció una clase propietaria, y en el Oriente este proceso no tuvo lugar y siempre el Estado resultó el administrador y regulador de la producción y el consumo.

La propiedad privada resultó un fenómeno histórico gestado en el conjunto civilizador del Mediterráneo oriental[18] trasplantada luego al Lacio itálico y la isla de Sicilia; de mayor vocación europea en su esencia y relativamente contemporánea en la historia.

Estas dos formas, propiedad privada y propiedad estatal, han coexistido a lo largo del devenir humano, y en este siglo, como Grecia y Persia en la antigüedad, una vez más libraron un duelo por la hegemonía mundial, con el agravante además de que volvieron a ser coincidentes muchas de las áreas donde ambas conformaciones predominaron anteriormente.

Si bien la propiedad privada, en sus estadíos de libre cambio, creó una clase económica que detentó los medios fundamentales de producción y cristalizó la polarización social de las riquezas entre burguesía y proletariado, la propiedad social sobre los medios de producción[19] conformó una clase burocrático militar que a través del aparato estatal, comercial y fiscal ejerció su preeminencia despótica y totalitaria sobre los productores, de los cuales succionaría, en forma también extra económica, el plus–producto social.

Todo indica que se llegó a un punto más arriba de la misma espiral periférica o extra europea, con profundos antecedentes en el zarismo de las sociedades secretas, el despotismo oriental y la influencia del estado burocrático militar turco–tártaro en la Europa oriental y la Rusia asiática, las sociedades hidráulicas del Oriente, Mesoamérica y los imperios medievales del Sudán africano.

Durante el Medioevo feudal, tanto en Europa como en el mundo islámico, una clase de guerreros–funcionarios succionaba la plusvalía a través de impuestos, trabajo forzado y monopolio comercial, transformando la débil nobleza terrateniente en una clase al servicio estatal, haciendo que barones feudales y campesinos siervos estuvieran a merced de un Estado despótico.

En estos estados teocráticos la ideología religiosa era abrazada por el régimen e impuesta a la población, y los gobernantes resultaban sus únicos intérpretes.

Este entorno propició la comparecencia de humanos fuertes y de vanguardias sacralizadas que disponían de justificación para actuar y modelar a su favor el presente político.

Las evidencias históricas impiden aceptar que solo la forma de apropiación de la tierra, o únicamente el mecanismo coactivo para con los estamentos y clases explotadas, resulten demostrativos de una definición clásica sobre la comuna aldeana o rural, germánica o asiática. Esta realidad socioeconómica contradice los postulados de los historiadores y etnólogos no solo de la colonización, sino de los académicos marxistas.

Parte Sèptima

La mente andro-crática

Las metáforas masculinas

Por un accidente de la historia en el devenir paulatino de la economía, las civilizaciones en lo que luego serían Occidente y Oriente tomaron el rumbo de sociedades patriarcales, aniquilando una evolución cultural equilibrada que ya databa de casi 30 milenios, muy superior en tiempo al desorden impuesto por el hombre-macho, esa combinación de ser masculino tan presuntuoso de su fuerza física y de su virilidad que le conducen a manifestaciones de egocentrismo, voracidad y rapacidad en todos los espacios macro y micro sociales, de la familia a las más elevadas esferas del poder.

El equilibrio del que debimos gozar como especie en nuestras dos formas diferentes: masculina y femenina, quedó violentando cuando estas fueron respectivamente signadas en los imaginarios como lo superior y lo inferior, como la fuerza y la debilidad, llegándose a identificar en ámbitos religiosos con lo puro y lo impuro, ejercicio primigenio de dualismo explicativo y funcional que hasta hoy nos constriñe como especie.

La etapa histórica que se inicia en Sumer coadyuvaría a transformaciones psicológicas radicales que comportarían la construcción de nuevas ideologías políticas, religiones, mitos, visualizaciones y funcionamientos de las culturas, de los cuales a su vez se nutriría y reciclaría hasta el presente.

Atenazados entre miedo e ignorancia, con el añadido del crecimiento demográfico y la necesidad de cambios en la organización socioeconómica, se recurría a la fuerza, al sometimiento de otras comunidades humanas, a la esclavitud, a la degradación de la mujer, al etnocentrismo y, con posterioridad, al racismo.

Todo ello era reflejado en fábulas, ligado a supuestos actos mágicos, se conectaba con divinidades, dioses y diosas.

Nacieron de esta manera los mitos de dioses y de humanos, de los héroes y de sus hazañas, de las invenciones de pecados originales sagrada y ordinariamente asociados con la mujer y de femeninos espíritus malignos, todo para justificar y legitimar de manera inexperta aunque ingeniosa y maliciosa ese mundo complejo, diverso y cambiante, lleno de brutalidad y de la aniquilación de otros humanos vistos como diferentes y peligrosos; serían las metáforas del atleta y del guerrero, tan presentes en el *Arte de amar* del poeta Publio Ovidio[1].

La evolución de la jefatura al Estado queda explicada de manera confusa en los orígenes. Para algunos, el Estado habría nacido con la división del trabajo asociada a una clase dirigente y con una casta sacerdotal, como evolución de las grandes jefaturas, en la cual los primeros podrían obligar a sus súbditos a pagar impuestos, a que cumplieran las leyes y a prestar servicios.

La "teoría hidráulica" elaborada por Karl August Wittfogel dependía de las inundaciones anuales de terrenos para la explotación agrícola. Estas inundaciones debieron empezar a ser controladas con el objetivo de mejorar las cosechas e intensificarlas, llegando al establecimiento del sistema de irrigación y de canales, y acelerando el proceso de centralización. Sin embargo, no en todos los lugares "hidráulicos" tuvo lugar ese proceso.

La historiografía occidental considera al vasto período de presencia de la esclavitud, de la obligada sumisión de la mujer y de otros hombres como un estadío económico y civilizatorio superior, y se centra en el estudio de los conflictos nacionales. Este tipo de análisis desdeña los antagonismos sociales, especialmente las épocas de la controversia masculino-femenino; minimiza la existencia de una poderosa y constante contra-cultura o cultura de resistencia que rechaza la hegemonía patriarcal y su individualismo, como sucede en el milenio anterior a la era cristiana, en el transcurso de las primeras tres centurias de nuestra era y en el inicio de la llamada Edad Moderna, entre los siglos XV y XVII.

De este modo, la sociedad matriarcal, que perduraría la friolera de veinte milenios, queda reducida a un mero campo de investigación aún considerado por tantos marginal, como el de la etnología, o enredada entre las no muy suculentas disputas en las cuales se enfrascaron los marxistas estadounidenses durante los años '50 del pasado siglo.

El nuevo estereotipo femenino

El crecimiento demográfico que vendría como constante desde los orígenes de la humanidad no sólo sería responsable de la intensificación de la producción sino que, además, conduciría al reparto desigual de los recursos, siendo el control de la natalidad mediante el infanticidio femenino el medio más eficaz para conseguirlo, hecho que iría ligado a las guerras por los recursos y a la supremacía masculina para esta actividad.

Las sociedades agricultoras podían, en lugar de disminuir la población mediante la práctica mencionada, aumentar la producción con técnicas agrícolas y ese desenvolvimiento productivo, a su vez, conduciría a un mayor crecimiento poblacional.

En ese transcurso de la humanidad ciertos aspectos políticos[2] quedaron ritualizados como la sujeción de la mujer, gestándose por medio de esa práctica un odio irracional, la misoginia, de consecuencias funestas y hasta hoy perdurables, dado la amplia aunque en ocasiones camuflada supervivencia de esa práctica.

La producción de obras literarias y anales religiosos, que en su grueso eran propagadores de los nuevos valores masculinos, de sus intereses y conveniencias socialmente impuestas a la colectividad, quedaron esencialmente recolectadas en la *Biblia*, en los códices cristianos y coránicos y en los poemas mitológicos, en el teatro, la poesía, las crónicas y las narraciones, sin menoscabo de las artes plásticas.

Para completar y reafirmar la configuración de la violencia, autoritarismo y dominación masculina de la sociedad dominante, el Viejo Testamento proclama explícitamente que la voluntad de Dios es que la mujer sea dominada por el hombre. En tiempos posteriores, Jesús, el Nazareno rechazó la posición de subordinación y exclusión que su cultura asignó a las mujeres. Se asoció libremente con mujeres, lo cual era de por sí una herejía en su época, y proclamó la igualdad espiritual de todos.

Los personajes de Penélope, Pandora o las Amazonas, los de Atenea, Clitemnestra o Antífona, se han integrado plenamente en el imaginario colectivo de nuestra cultura occidental. Ahora bien, esa imagen idealizada del universo simbólico heleno, herencia luego encontrada en el romanticismo alemán, no debe nublar nuestro juicio a la hora de interpretar a Hesíodo, Herodoto, Sófocles, Aristófanes o Eurípides[3].

Mediante una tradición literaria cuya producción se extiende por varios siglos, se sincronizaron artificialmente los viejos fondos mítico-rituales. La mujer ha sido pensada a través de analogías entre el cuerpo femenino y la tierra labrada por el arado masculino o entre el vientre femenino y el horno, entre el cuerpo de la mujer y la tablilla sobre la que se escribe[4]. En el ciclo de la procreación, al igual que en el ciclo agrícola, la lógica mítico-ritual privilegia la intervención masculina, siempre marcada con ritos públicos[5].

Con esas imágenes la mujer era desvirtuada de su humanidad, de su fuerza co-protagónica, contribuyéndose a inducir en esta un estado de displicencia y pasividad que permitiera su sojuzgamiento y la circunscribiera a los espacios de reclusión.

De ataño nos viene la expropiación masculina del cuerpo femenino, siempre pensándolo los otros, los hombres, como un cuerpo para ellos y no para la auto-realización de las que naturalmente lo poseen.

A través de los cuerpos arbitrariamente socializados, es decir de los *habitus*, y de las prácticas rituales, de la estereotipación y de la repetición de un universo social donde recibe el refuerzo permanente de una expresión colectiva y pública para ella perjudicial y, éticamente tenido, humillante, se produce el incierto mensaje esencialista y minimizador de la condición femenina, en realidad obra de una construcción histórico-política de profunda repercusión social, por lo que revela sobre la condición disminuida que el mundo social asigna objetivamente a las mujeres[6].

Las consideradas como "grandes religiones" (judaísmo, cristianismo, islamismo, hinduismo, budismo) sostienen la supremacía del hombre sobre la mujer, identifican al dios creador con el sexo masculino y si admiten la presencia de mujeres lo hacen en roles secundarios, en calidad de asistentes de los hombres. Es interesante que, siendo teológicamente tenida por inefable[7] e imposible de describir[8] esa abstracción que tenemos por Dios, se le adjudicara sexo y, a partir de ser este masculino, se le adjudicara una desmedida carga de prepotencia en su fingida humildad, de sexismo incluso en su carácter de padre creador de todas las criaturas.

Mientras el judaísmo rabínico maldice la enseñanza a la mujer: "maldito sea el hombre que enseñe el Torá a su hija", el cristianismo abolió el naciente diaconado femenino por considerar a la fémina un ser inferior, corrupto y únicamente necesario para la maternidad y las funciones de servidumbre, excluyéndole de la cultura teológica.

Los libros sagrados de las tres religiones occidentales[9] "tratan de demostrar que el prejuicio no es marginal o accidental; que no es la expresión de puntos de vista personales o idiosincráticos de algunos autores, sino que abarca el total de la tradición y moldea consciente e inconscientemente el universo simbólico de la teología judía y cristiana".

La educación sacerdotal

Directamente a través de la coerción personal e indirectamente a través de demostraciones de fuerza social intermitentes tales como inquisiciones y ejecuciones públicas, fueron sistemáticamente desalentadas las conductas, actitudes y percepciones que no se avenían con las normas del dominador. Este acondicionamiento por miedo se volvió parte de todos los aspectos de la vida cotidiana, permeando la crianza de los niños, las leyes y las escuelas.

A través de estos y todos los otros instrumentos de socialización, el tipo de información requerida para establecer y mantener una sociedad dominadora fue distribuida en todo el sistema social.

Durante milenios, uno de los más importantes de estos instrumentos de socialización fue la "educación espiritual" llevada a cabo por los antiguos sacerdotes. Como parte integral del poder estatal, estos sacerdotes sirvieron y fueron miembros de las élites masculinas que dominaban y explotaban al pueblo.

Los sacerdotes que a partir de ese momento difunden lo que dicen que es la Palabra divina, la Palabra de Dios que había sido comunicada mágicamente a ellos, estaban apoyados por ejércitos, cortes de justicia y verdugos.

Su apoyo mayor no era temporal, sino espiritual. Sus armas más poderosas eran las historias "sagradas" y los edictos sacerdotales a través de los que inculcaban sistemáticamente en la mente de los pueblos el temor a deidades terribles, remotas e "inescrutables".

La gente tenía que ser enseñada a obedecer a las deidades y a sus representantes terrenales, quienes ahora ejercitaban arbitrariamente poderes de vida y muerte en las formas más crueles, injustas y caprichosas, explicadas hasta nuestros días como "la voluntad de Dios".

Indudablemente muchos de estos hombres creían que lo que hacían era también la voluntad de sus dioses y se sentían inspirados divinamente. Pero si fue hecho en nombre de dioses, obispos o reyes, por fe, ambición o temor, este trabajo de literatura oral y escrita constantemente actualizada y reactualizada no siguió simplemente al cambio social. Fue una parte integral del proceso de cambio de las normas: el proceso en el que una sociedad dominada por hombres, violenta y jerárquica comenzó gradualmente a ser vista no sólo como normal sino como correcta.

Muy probablemente es en respuesta a ello que las religiosas feministas se han dado a hurgar en las historias y teologías de la humanidad y de las religiones, develando lo oculto, reinterpretando, elaborando ellas mismas todo un pensamiento teológico vindicador del rol de la mujer en el origen de la humanidad y de las religiones.

Se afirma el patriciado

En palabras de la teóloga Carol Christ[10]: "nosotras estudiamos la historia y la prehistoria; los textos de las así llamadas altas religiones; las tradiciones tribales y no literarias; a las líderes religiosas; los efectos que ejercen sobre la cultura el simbolismo de las religiones patriarcales". Razón por la cual se han detenido, por ejemplo, en las maltratadas figuras bíblicas de María y María Magdalena, haciendo ver que legado de Jesús tras su crucifixión no fueron los hombres sino las mujeres quienes en primer lugar lo atesoraron y transmitieron.

Y hacen muy bien las religiosas feministas en estudiar tanto la historia como las tradiciones de las restantes religiones, pues patrón de comportamiento similar en su comportamiento respecto a la mujer han tenido y conservan muchas de estas.

La homeriada, tenemos por caso, traza la larga rebelión de las amazonas y la participación contra ellas de los semidioses mitológicos del Olimpo helénico; pero se ha transmitido que la agitación de las bacantes y la amazona son invenciones de la mitología griega y no una represión racional que permite la afirmación definitiva en el poder de su patriciado. En Roma la educación comenzó a cambiar y de esa forma las niñas y niños aristocráticos recibían a veces el mismo currículo. En las clases superiores, un número creciente de mujeres entraron en la vida pública, algunas se dedicaron a las artes, otras se dedicaron a profesiones como la medicina, negocios y justicia, iban a teatros, eventos deportivos y conciertos, y viajaban sin escoltas masculinas.

En tanto, el movimiento de los gnósticos del cristianismo antiguo se presenta como una herejía a la iglesia de Roma, y no como una protesta al designio de ésta por constituirse en la única de las grandes religiones occidentales y hacerlo, con desplante sexista-misógino occidental, sin sacerdotisas.

En el 391, bajo el emperador Teodosio I, los cristianos ya estaban completamente andro-cratizados y por eso quemaron la gran biblioteca de Alejandría, uno de los últimos depósitos de sabiduría y conocimiento de la antigüedad.

Ayudados y alentados por el hombre que fue luego canonizado como San Cirilo (obispo cristiano de Alejandría), los monjes cristianos despedazaron salvajemente con conchas de ostra a Hipatia, la destacada matemática, astrónoma y filósofa de la escuela de filosofía neoplatónica de Alejandría.

Esta mujer, reconocida como una de las grandes eruditas de todos los tiempos, fue según Cirilo una mujer inicua que incluso había presumido, contra los mandamientos de Dios, de enseñar a hombres. Después de la conversión del emperador Constantino al cristianismo (312 dne), la Iglesia se convirtió en un brazo oficial, servidor del Estado.

El primer emperador cristiano ordenó hervir viva a su esposa Fausta y ordenó el asesinato de su propio hijo Crispo.

En la Edad Media, para la Iglesia católica fue esencial subordinar y silenciar a las mujeres, junto con los valores "femeninos" originalmente predicados por Jesús. La intermitente cacería de brujas durante varios siglos en los que los hombres infligieron horribles torturas a muchos miles, quizás millones, de "brujas" es apenas mencionado por el significado político de la extrema vilificación de las mujeres como "fuente carnal de todo mal".

Pero pese a todo lo expuesto y a tanto más ocurrido desde el origen de la humanidad, desde el establecimiento y expansión del patriarcado y de su concomitante misoginia como normas de vida, la función del aparato literario y teatral en la consolidación del poder estatal masculino sigue siendo un campo de investigación marginal, confinado a la etnología minoritaria y en el cual clasificarían algunas teatristas o mujeres relacionadas con esta arte.

La nueva forma cultural, la narración escrita, clímax de la estructura política masculina, coronaría su hegemonía entre los siglos V y IV ane. En esta, Hesíodo fue el primer poeta reconocido por la historia occidental, y tendría la desleal primicia de presentar a la mujer como la encarnación del mal. De tal suerte, en rigor catastrófica para las mujeres, con la invención de la escritura griega se gestaba uno de los instrumentos básicos para la construcción de la hegemonía cultural masculina.

Desempeñando su función justificadora del orden sociopolítico establecido, la literatura clásica se erigió en adoctrinadora a favor del patriarcado esclavista.

El auto-sacrificio y el martirologio se establecieron, siempre por la voluntad masculina que contemplaba los designios de dioses y divinidades de igual sexo, como dos momentos imprescindibles de la senda a recorrer por las féminas, y por cuyo recorrido la mujer es valorada y elogiada por los hombres; desechar ser partícipes de esos momentos, así como la posesión de la más elemental autoestima, sólo les acarrearía una mala reputación y la exclusión social.

Se exaltó el guerrerismo, la severidad y la competitividad en el hombre y la delicadeza. En la mujer se encomió la dulzura y las socialmente exigidas auto-contención de las emociones y resignación para soportar el sufrimiento, cuyo acto de rebeldía parecía ser exclusivamente el histerismo, percibido en positivo si alcanzaba justificación religiosa, identificando como arrebatos místicos lo que en verdad tiene características de explosión psíquica desatada una vez llegada al punto de no soportarse el dolor ocasionado por la represión masculina.

Mujeres guerreras y jefas de Estados quedaron en la literatura sólo por excepción y, con tales filosofías y prácticas rigiendo, es dable considerar que la historiografía muchas veces les haya menguado sus capacidades y logros, y, curiosamente, haya exaltado sus bellezas o la ausencia de estas, manera de devaluarlas en sus capacidades o de atribuirlas a su falta de beldades.

La tragedia griega

La tragedia teatral, de Esquilo a Eurípides, que como todo género teatral expresa una ética, es una catarsis del patriarcado griego que va describiendo una evolución política, esquematizada en la reforma de Solón y el tiranicidio de Ippia. De esa manera, la tragedia revocaba la tensión y el conflicto de géneros, que en términos políticos desembocaría en la democracia helénica.

Pero la tragedia griega fue un factor muy posterior en la construcción de la hegemonía masculina, de la que se hizo eco y coadyuvó a afianzar. Por ese motivo no habría una revolución teatral de significación hasta que William Shakespeare gestara las suyas, como una cimentación de las nuevas condiciones culturales de los siglos XVI y XVII.

Con la ayuda de la imprenta, en el siglo XV, iniciaba otro período en donde la hegemonía masculina continuaba y robustecía su consolidación, por entonces contra otra rebelde silueta femenina: la bruja, uno de los personajes contraculturales por excelencia de uno de los periodos más extraordinariamente convulsos de la historia, en el cual, sintomáticamente, la mujer apareció como objetivo prioritario a combatir y a restringir en el refrenado e invisible sitio que confluyeran en otorgarle dioses, divinidades y hombres.

Pero en este occidente de las historiografías laudatorias a héroes y egregios patriotas, a los que se tiende a divinizar confiriéndoles consideración, atributos y cultos a Dios debidos[11], menciónese o no en todos los tiempos ha coexistido una contracultura y una poderosa cultura de resistencia femenina, en constante rechazo de la supremacía patriarcal, de su individualismo y de su egoísmo.

Esa contracultura, expresada en resistencia activa, ha pagado muy caro por su capacidad de oposición, tenida como provocación, y por el reto al orden impuesto, yendo los castigos aplicados a sus protagonistas de la reprimenda a la tortura al asesinato, siempre en nombre de la observancia y conservación de sagrados valores, ya nebulosa y problemáticamente fundidos y confundidos los religiosos con los políticos o, en todo caso, siendo unos y otros los mismos o muy similares dificultando la separación de unos y otros e incluso situarles límites a unos respecto a los otros.

Situación facilitadora de la instauración de Estados ateos en los cuales las políticas de estos giran en torno o se fundamentan en perspectivas contradictorias o excluyentes respecto a la mujer, de origen claramente religioso.

Para entender las claves de las relaciones entre los sexos y sus construcciones culturales, hay que volver al mundo griego y, aún, a través de la arqueología y de la antropología, más atrás, hasta el punto en el cual podamos vislumbrar nuestros orígenes como humanos.

Se está haciendo necesario decodificar, analizar, reevaluar, revalorar e intentar situar en su sitio en la historia de la humanidad todo hallazgo arqueológico y toda la mitología greco-latina, las intransigentes y elitistas democracia ateniense y de la república romana, el movimiento cristiano del gnosticismo y la consolidación del cristianismo católico como ideología imperial romana.

También resultan una realidad latente tras las grandes obras teatrales y literarias de Inglaterra y España, con el telón de fondo de las grandes cacerías de brujas que, en apariencia, lo que es decir oficialmente, liquidan esa extensa y arraigada cultura mágica que en todo continente y pese a las coacciones ha convivido y sobrevivido a las religiones institucionalizadas.

Esa cultura mágica que convive con el más elaborado pensamiento científico y con las más sofisticadas creaciones tecnológicas, desde el cual es posible la explicación de ambos.

Contradictoriamente con el nivel de visibilidad alcanzado por la mujer en tantas esferas de la sociedad y con el nivel de conocimientos y compresión que hemos alcanzado como especie, es reciente, fundamentalmente obra de intelectuales feministas.

Todavía no se privilegia en la historiografía occidental, la incorporación de problemáticas fundamentales para la comprensión del presente y pasado de la humanidad, y para proyectarnos en un devenir más armónico y enriquecedor para todos y todas.

Entre esas temáticas cuentan: el estudio de las construcciones género, los antagonismos que a partir de los paradigmas de estos se forjaron entre hombres y mujeres, y las amplias manifestaciones de las relaciones entre estos, así como sus reflejos en las diversas teologías.

La figura paterna

En todas las sociedades los padres y las madres procuran transmitir a su descendencia sus formas morales, y esa educación difiere según el espacio cultural que habitemos como difieren nuestras interpretaciones sobre aquella en dependencia del espacio cultural y las tendencia de análisis en la cual nos posicionemos los estudiosos.

La transmisión de las formas morales tienen una relativamente mayor estabilidad temporal, si descontamos los grandes saltos dados en diferentes momentos históricos y la arrasadora anarquía de los últimos sesenta años comprendidos entre los siglos XX y XXI.

Con anterioridad a los años sesenta del siglo pasado, esa transmisión de valores morales fundamentalmente, sucedía o, al menos, era lo normado que sucediera, por medio de la figura paterna, cuyos veredictos perentorios y el monopolio de la violencia simbólica legitimada en el interior de la unidad social elemental, conducía a la somatización de la política[12]. Esa es manifestación principal del sexismo, y este ocupa un lugar central en las tradiciones religiosas de visiones androcéntricas. Estudios sobre el sexismo en la *Biblia* y en teólogos medievales fueron iniciados en el siglo XIX por Elizabet Cady Stanton.

Atendiendo al sexismo socio-religioso, la visión dominante de la división sexual bien asegurada no requiere justificación, manifestándose en costumbres, gráficas y discursos, la estructuración del espacio de la vivienda, la organización del tiempo, del año agrícola, la postura y los ademanes, contribuyendo de esa manera a ajustar los dichos con los hechos[13].

En esa posición sexista lo que se acomete es caracterizar, explicar y, llegados al caso, defender pero no excusar el orden establecido, pues se considera "natural" y de esa manera se espera sea observado, preservado, reproducido y perpetuado socialmente.

Los actos de los dioses, divinidades y criaturas mitológicas, y los roles asignados a hombres y a mujeres no eran sobrenaturales para los de aquella época, sino habituales, sencilla y completamente reales, de manera que las hazañas hoy increíbles de los héroes míticos se concebían como hechos realmente acaecidos.

Los montañeses beréberes de Kabilia, pongamos por caso, más allá de las conquistas y de las conversiones, y en reacción contra estas, hicieron de su cultura el conservatorio de un viejo fondo de creencias mediterráneas organizadas en torno al culto de la virilidad[14].

Figuración de una imagen burda y sistemática de la cosmología "falo-narcisista" dispuesta para controlarnos y dominarnos mientras nos dispongamos a dejarnos obsesionar por esta en nuestros inconscientes, y le permitamos marcar nuestras pautas de comportamiento.

Esa "concordancia" entre estructura y cognición se presenta como "natural" a lo Edmund Husserl, engranada en un sistema de categorías de percepción, pensamiento y acción, que reconocen la "legitimidad" de las arbitrarias divisiones entre los sexos.

Interpretación atendiendo a la cual el hombre es un ser que implica un deber ser, que se impone como algo sin discusión, que se instala de golpe en una posición que implica poderes y privilegios, pero también deberes, y no equivale a evadir sus responsabilidades de proveedor pero se autoexcluye de las de cuidador, pues las primeras son del prestigiado dominio público y las segundas del subvalorado y menospreciado dominio privado.

La universalidad de hecho del dominio masculino excluye, en la práctica, el efecto de la desnaturalización[15]. Observando la naturaleza, explorando en sus ciclos biológicos y cósmicos, no se advierte cómo pudo lograrse la relación social de dominación a no ser por la fuerza.

El hombre (viril) es un ser particular que se ve a sí mismo como un ser universal (*homo*), que tiene el monopolio, de hecho y de derecho, de lo humano (es decir, de lo universal), que se halla socialmente facultado para sentirse portador de la forma completa de la condición humana.

Anclados en la explicativa objetividad exigida por las ciencias sociales, especialistas, sin diferenciar sexos[17], coinciden en anotar que el vencimiento del patriarcado nada tuvo que ver con tramas, trampas y traiciones masculinas; afirman que no existió "conspiración" sino una necesidad histórica a la cual forzaba el paso hacia la economía agrícola y el sedentarismo.

Necesitados de mayor fortaleza física para el desempeño de las tareas de la agricultura y de un nuevo tipo de organización social que respaldara la economía, el egoísmo y el músculo del varón habrían ganado en una apuesta a la que se concede identidad de "natural".

Habría, también haciendo honor a la metodología científica, que recelar de ese concluyente criterio, que se argumenta con todo un arsenal de hechos concretos: agricultura, desarrollo tecnológico, variaciones en el tipo de vivienda, aumento poblacional, excedentes alimentarios, necesidad de cuidar lo propio, aparición del concepto de propiedad privada y del comercio como actividad económica.

Las tareas femeninas invisibles

Asimismo, el establecimiento de la autodefensa militar y de la guerra con sentido de pillaje, división sexual del trabajo, aparición de la diversidad de oficios y de la jerarquización social, paso hacia más complejos tipos organizacionales y de mayor sofisticación de las jefaturas, cierto nivel de urbanización y, el reflejo ideológico, religioso y político, de los cambios.

Es sin embargo necesaria una mayor escrupulosidad analítica, que sin descartar los elementos citados por tantos estudiosos, entronca en lazos evidentes del paso de un tipo de sociedad a la otra con la violencia heroica, y de manera muy directa, con la sublimación de la potencia sexual masculina en detrimento de la femenina.

Se fueron instituyendo entre ambos sexos, fundamentalmente a nivel psicológico, principios de división que conducen a clasificar todas lo existente en el mundo y todas las prácticas según distinciones reducibles a lo masculino y a lo femenino, habiendo sido otorgado el privilegio, en las lenguas y en cuanto sea visiblemente prevaleciente y considerado de positiva influencia, a lo masculino.

La somatización de las relaciones entre los sexos ha desembocado en dos "naturalezas" diferentes, en dos sistemas de diferencias sociales inscritas en los hexis corporales y en las disposiciones éticas, conforme a oposiciones dualistas culturalmente construidas y políticamente afincadas, para lo cual han servido las religiones.

Por su poca e incluso nula consideración social, a las mujeres fueron atribuidas todas las tareas invisibles y consideradas monótonas (economía doméstica, crianza de los niños y de los animales, cuidado de la casa, de los ancianos y de los enfermos), mientras los hombres han ocupado a manera de invasión permanente el espacio oficial, público, la ley, los actos peligrosos y espectaculares, incluidos la realización de ciertos rituales religiosos o la dirección de estos[18].

Incluso en actividades donde las mujeres aparecen públicamente como protagonistas, muchas veces no son más que piezas exhibibles, correspondiéndoles conscientes o inconscientemente hacer la voluntad del hombre, proporcionando una imagen de falsa equidad.

La sexualidad, tratada según el imaginario correspondiente a cada cultura, va a determinar después el tipo de personalidad en las superestructuras, como los roles en torno a las diferencias biológicas entre hombre y mujer.

Predominará el del hombre identificado con lo superior, la agresividad y la fortaleza frente a la mujer identificada con lo inferior, la pasividad y la fragilidad, privada con esos argumentos de medios esenciales de realización social y de estima individual y colectiva.

La representación de la violencia ejerce, en sí misma, la función de dominio sobre y contra la posibilidad de organización matriarcal y del matriarcado como probabilidad de existencia de otro orden social, e implica la inversión de los términos de poder aunque se mantengan rasgos matrilíneos, lo cual es diferente al matriarcado que sería el ejercicio del poder de las féminas.

Antes de convertirse en arma social, el erotismo fue la sublimación del instinto, sobre todo el de origen asiático-helénico.

Así estructurada la sociedad, el erotismo sería hipócritamente reprimido, censurado, condenado, espacio de realización masculina con mujeres a las que no obstante impondría socialmente la condena a la exclusión, mientras el erotismo quedaba como abstención para las féminas consideradas socialmente "morales", "decentes", cuya corrección era dispuesta por normas de conducta masculinamente pensadas e impuestas para beneficio de los hombre y en menoscabo incluso de la sexualidad de la mujer.

Con todo, el nudo del dilema no reside en el hombre y la mujer como sexo, sino en un sistema social que impuso una construcción arbitraria de los géneros; un sistema en conde, por ejemplo, la guerra se idealizaba en las obras literarias, en las teatrales y en los decorados arquitectónicos, convirtiendo a la parte femenina de la familia en rehén y vasalla de la parte masculina.

El embrollo, que se nos torna actual, tuvo su umbral en el cambio brusco ocurrido a fines del Neolítico, que desestabilizaría las estructuras sociales y el mecanismo del avance tecnológico. La tecnología, que inicialmente enfatizaba aquello que sostuviera y amplificara la vida, se sustituiría por otra diseñaba para destruir y dominar, y que simbolizara la guerra. De hecho, en eso proseguimos hasta hoy.

La guerra sexual iniciada con Adán y Eva, en cuya narrativa se expresa una nítida vocación de la jerarquía cristiana de imponer en el canon una supuesta minusvalía a la mujer, es un mito bíblico que no necesariamente se correlaciona con el establecimiento del patriarcado, que no incumbe al sexo sino al género masculino como la construcción cultural de las cualidades que se debían identificar con el hombre y, en correspondencia, de las prerrogativas que socialmente le corresponderían.

Pero, aunque esa construcción la hiciera él, puede no carecer tanto de sentido rastrear una razón, no necesariamente sexual, explicativa del por qué en determinado momento la sociedad ubicó al hombre en su vórtice y relegó a la mujer, pues el sexo y el género no cohabitan en el mismo universo conceptual pese a su interrelación.

Tensión y conflicto de masculino y femenino

No obstante, mal llevado ese intento exploratorio, semejante esfuerzo sólo ha venido conduciendo al sexismo pseudocientífico de la antropología masculina y machista o al fanatismo feminista pretendidamente asexual, ambos igualmente endebles, enfermizos y estériles para las provechosas ideas, esas que nos permitan comprendernos para mejorarnos.

Lo importante y fructífero sería procurar hallar el tan difícil balance en el discernimiento sobre un tema que nos viene de muy atrás, y en el cual los vestigios arqueológicos no necesariamente contribuyen a ofrecernos elementos que nos ayuden a comprender la construcción de la subjetividad de las mujeres y los hombres que tan lejanamente nos antecedieron y que así actuaron.

Es convincente que, algún pasaje crucial de la construcción del Occidente como civilización, la tensión y el conflicto entre "femenino" y "masculino" desempeñó un papel muy superior de lo que se concibe, pues en el curso de la historia la jerarquía que hoy conocemos en que prevalece el elemento masculino fue disputada por otra cultura alternativa en la cual lo masculino y lo femenino se mezclaban y rechazaban la hegemonía masculina.

Desde aquel pasado tan lejano, tras las críticas de supuesto o real fundamento religioso se disimulan las intenciones de coartar la emancipación femenina y de favorecer la liberación sexual masculina, de impedir el rescate de las más variadas supersticiones y de las magias ocultistas, de las sectas arcanas y de un modo de vida no individualista que rechazaba a las establecidas instituciones masculinas y que tenía el rechazo de estas.

La sociedad patriarcal ha intentado legitimar una relación de dominación inscribiéndola en lo biológico, con lo cual a su vez ha procurado su naturalización social recurriendo a la biología. Es conocido que los dominantes y los dominados, en una relación patológica, muchas veces hacen aparecer como naturales las relaciones de poder en las que se hallan inmersos.

Por esa vía prejuicios desfavorables socialmente instituidos se auto-confirman, llevando a las víctimas femeninas a abandonarse al destino socialmente consagrado mientras, se supone, el hombre de honor debe rechazar las tareas menores, a ellas destinadas[19].

Sucediendo todo ello, por supuesto, con la complicidad aprobatoria y justificadora de las jerarquías religiosas, conformadas por hombres en su propio ejercicio del sexismo y de la misoginia. Así, los dominios políticos, económicos y religiosos terminarían tantas veces fundidos, confundidos y, siempre, inevitablemente, sosteniéndose directa o indirectamente entre estos, en beneficio del hombre y en detrimento de la mujer.

Si bien las mujeres, sometidas a un trabajo de socialización que tiende a disminuirlas, mancillarlas y negarlas, irían realizando el aprendizaje de incorporar (o fingir que lo hacían) negativas auto-representaciones malsanamente percibidas como virtudes, entre estas la abnegación, la resignación y el silencio, los victimarios hombres terminarían igualmente como víctimas, atrapados en la representación y auto-representación reinante que les visualiza en el rol dominador, abusivo y avasallador, mostrándolos incapaces de ofrecer sensibilidad y ternura, cuidado, mesura y comprensión. Simbólicamente consagrada al irrespeto, a la sumisión, a borrarse y negarse como detentadora de poder, la mujer generalmente sólo pudo ejercerlo usando su eminencia gris, la astucia y la intuición que les impusiera esa misma relación de fuerza que las domina[20].

Lo cual se iría plasmando en el supuesto carácter maligno que le se atribuyera, que se consideró les habría sido asignado por una naturaleza maléfica, resultante asimismo de la construcción masculina[21]. La coerción de esta naturaleza maléfica, especialmente en el Medioevo, se instituía extorsionando directamente al dominado.

La auto-exclusión femenina

Las antes señaladas socialización de lo biológico y la pretendida biologización de lo social, haría aparecer una construcción social naturalizada como la justificación "natural" de la representación arbitraria de la naturaleza. Al igual que el racismo, el sexismo atribuye diferencias históricamente construidas a una naturaleza biológica, la humana.

La violencia es una dimensión de dominio que forma parte de los grandes rituales colectivos; es como un círculo de espejos de imágenes antagónicas que se validan mutuamente.

De esa manera se produciría y reproduciría una creencia compartida entre el hombre y la mujer, la de la superioridad de aquel y la inferioridad de aquella, como base de todo el pernicioso y enrarecido juego y rejuego de identidades en el cual el "yo" se valida por la negación antagónica con el otro.

A través de un trabajo permanente de relaciones arbitrarias, el mundo social fue construyendo el cuerpo físico de los humanos como realidad sexuada, condensando en pares opositores las naturales y armónicas diferencias anatómicas.

Con ello vamos transmitiéndonos las categorías de una visión mítica y desequilibrada del mundo que aún perdura en tantas esferas del relacionamiento entre hombres y mujeres, que tiene vigencia en los imaginarios porque en base a esta funcionan en todos sus niveles y perfiles las estructuras sociales, en un proceso de analógica retroalimentación de carácter negativo. Es que ese conocimiento corporativo lleva a las víctimas del dominio simbólico a contribuir a su propio dominio al aceptar tácitamente, fuera de toda decisión de la conciencia, los límites que se les imponen, o incluso reproduciendo los límites abolidos en el ámbito del derecho.

Por este motivo la liberación de las víctimas de la violencia simbólica, del peso del *habitus*, no se consigue exclusivamente por decreto, tampoco únicamente con una toma de conciencia liberadora, haciéndose imprescindible que la educación, las leyes y la conciencia marchen a la par y en todos los niveles y aristas sociales, incluidas la economía, la cultura y la política.

De lo contrario, la auto-exclusión y la "vocación" (negativa tanto como positiva) vienen entonces a tomar el relevo de la exclusión expresa.

Se suscita de esa manera la imposibilidad de la trasgresión, espontáneamente rechazada; razón por la cual las conductas censuradas impuestas a las mujeres no constituyen poses sino maneras de ser que adquieren cierta permanencia, formas de reconocimiento anticipado de las censuras sociales.

El capital simbólico de la limitación impuesta a la fémina está dado por la sublimación de la valorización del pundonor, entendida esta como el poder-desfloración de la doncella.

Era esta una primicia que querría el hombre como garantía de paternidad primero y que, con el tiempo, se convertiría en tabú y confiscación de la libertad de la mujer sobre su propio cuerpo, deseo y sentimientos, presos de circunstancias que le impusieran los otros, los hombres.

Para entonces ya con la incorporación de la necesidad de demostrar su virilidad que andando el tiempo y según la sociedad, públicamente ha venido demostrando también con la exhibición de varias esposa o amantes, deshaciendo una necesidad económica de orden doméstico.

Cuando el hombre-mantenedor tenía que contraer compromisos con más de una mujer por escasez de hombres, y convirtiéndola en motivo de su crecida egolatría.

Pero esa lógica del proceso social en el cual se engendra el fetichismo de la virilidad se manifiesta con toda claridad en los ritos de institución, que han buscado instaurar una separación sacralizante entre quienes son socialmente dignos de sufrirlos y quienes están excluidos a perpetuidad, es decir, las mujeres[22]. Actuando entonces como contribuyente en la consolidación de la supremacía masculina.

Es significativo que la intuición del antropólogo, familiarizado con los símbolos de la ultra-masculinidad, se vea corroborada por la de un analista que, siguiendo la tradición de la reflexibilidad inaugurada por los psicoanalistas Sandoz Ferenczi y Michael Balint, opte por aplicar las técnicas del análisis a la práctica del analista.

Roberto Speziale-Bagliaca ve en el psiquiatra Jacques Lacan un perfecto ejemplar de la personalidad "falo-narcisista", caracterizada por la propensión a "acentuar los aspectos viriles en detrimento de los aspectos dependientes, infantiles o femeninos", y a entregarse a la adoración.

La virilidad y la fortaleza

La ambigüedad teórica del psicoanálisis, que tratando de desentrañar antiguos traumas acepta sin cuestionamiento los postulados fundamentales de la visión masculina del mundo, se refleja en dos pasajes de un texto famoso de Freud, al que basta con acercarse para ver cómo en la mente del psicoanalista fundador la diferencia biológica de la mujer respecto al hombre se ha constituido como deficiencia, es decir, como inferioridad ética: "Ella (la niña) observa el gran pene bien visible de su hermano o de un compañero de juegos, lo reconoce de inmediato como la réplica superior de su propio pequeño órgano oculto y, a partir de ese momento, es víctima de la envidia del pene[24].

Se vacila antes de confesarlo, pero no se puede dejar de pensar que el nivel de lo que es moralmente normal entre las mujeres es otro. El Super-Yo de éstas jamás será tan inexorable, tan impersonal, tan independiente de sus orígenes afectivos como el del hombre[25].

Lo que sí queda claro es que, mucho antes de toda posible interpretación etnográfica, antropológica y psicoanalítica con la que podremos o no concordar, que como las freudianas pueden resultar tan forzadas y esquemáticas y permanecer ampliamente bañadas de una masculinidad misógina, en determinado momento del devenir histórico, la reproducción biológica terminaría determinando la organización simbólica de los cuerpos masculino y femenino, de sus usos en la reproducción y el placer, siempre negado para ellas, concediendo una base aparentemente natural a la visión masculina del mundo. Los cuerpos masculino y femenino, en especial sus órganos sexuales, serían aprovechados como apoyos simbólicos de aquellos significados y valores que están en concordancia con la visión falo-céntrica del mundo.

No es el falo que tanto preocupara a Freud lo que instituye el principio generador de esta matriz del mundo, sino que es esta visión del mundo la que puede instituir al falo erigido en símbolo por excelencia de la virilidad, de la fecundidad y de la fortaleza, en detrimento de las capacidades y oportunidades de la mujer, marginada cuando no excluida.

Cuando los dominados aplican a los mecanismos o a las fuerzas que los dominan, o simplemente a los dominadores, categorías resultantes de la dominación, o viéndolo en otros términos, cuando sus conciencias y sus inconscientes son estructurados conforme a las estructuras de la relación de dominio que se les impone, sus actos de conocimiento son, inevitablemente, actos de reconocimiento de la doble imposición, objetiva y subjetiva, de la arbitrariedad de que son objeto[26].

No otra cosa explica que, si bien persistente a lo largo de la historia occidental, careciera de la densidad necesaria para imponerse a ese orden la resistencia siempre presente y por momentos peligrosamente dinámica para el orden social de parte de la mujer.

La mujer objeto

Como reafirmación de la virilidad masculina, en el mercado matrimonial las mujeres son consideradas objetos para contribuir a la perpetuación del carácter primado otorgado universalmente a la masculinidad en las taxonomías culturales. Pero el proceso de virilización, como todo mecanismo de dominación, no puede llevarse a cabo en su totalidad más que con la complicidad del dominado, en este caso de las mujeres, con la sumisión oblativa de estas.

Al ser las mujeres agentes de la unidad doméstica, no importan su psiquis ni sus más íntimas emociones pero de ellas se requiere atención en el cuidado de la apariencia de sus cuerpos, obligándoles a identificarse con los modelos dominantes, puesto que están condenadas a descubrir que no pueden alcanzar su liberación real salvo mediante una subversión de las estructuras fundamentales de las cuales ellas son las primeras víctimas[27], pero en la cual el hombre queda indirectamente victimizado, presa de lo que en cada época es socialmente etiquetado como "belleza femenina" aunque no coincida con sus atracciones.

Además de garantizar el ceremonial que asegura el mantenimiento de las relaciones sociales tal cual las dispusiera el hombre, como objetos estéticos a las mujeres les ha incumbido volverse e intentar perennemente mantenerse seductoras, pues además de ser la paridora, cuidador, sirvienta y tesorera del "honor" masculino, forma parte de las posesiones exhibibles por este y del decorado del hogar.

Pero el trabajo de seducción confiado expresamente al cuidado corporal puede llegar a ser torturante y económicamente crítico.

Es preciso estar al tanto de lo que un mundo de la moda y ahora un mercado de esta índole dominados por hombres, dictan y comercializan, y acudir al auxilio del trabajo cosmético que ya incluye ampliamente la cirugía casi como obligación, pudiéndose afectar su salud, no sólo psicológica sino asimismo la física.

Con ello, la mujer, en las últimas décadas, se ha convertido también en parte del decorado de la escena pública.

La aceptación como cualidad femenina de la obligatoriedad de la seducción y del correspondiente costo psicológico, físico y económico que le conlleva, halla sustento en la renuncia y la docilidad que Emmanuel Kant imputa a la naturaleza femenina y que, en verdad, les han sido impuestas por el hombre.

La posición del filósofo está bien inscrita en lo más profundo de las disposiciones constitutivas del *habitus*[28]: "Las mujeres no pueden defender personalmente sus derechos y sus asuntos civiles como tampoco pueden hacer la guerra; no pueden hacerlo más que por medio de un representante; y esta irresponsabilidad legal desde el punto de vista de los asuntos públicos no las hace sino más poderosas en la economía del hogar: ahí predomina el derecho del más débil, que el sexo masculino por su naturaleza se siente llamado a proteger y a defender".

Al ser las mujeres agentes de la unidad doméstica, de ellas se requiere atención en el cuidado del cuerpo o la cosmética, el identificarse con los modelos dominantes, puesto que están condenadas a descubrir que no pueden alcanzar su liberación real salvo mediante una subversión de las estructuras fundamentales de las cuales ellas son las primeras víctimas[29], pero en la cual el hombre queda indirectamente victimizado, presa de lo que en cada época es socialmente etiquetado como "belleza femenina".

De hecho, discursos como los de Kant han dejado a las mujeres excluidas del espacio donde se juega el "honor" de los hombres, es decir, de la guerra y del poder político, espacio este último en el cual en este siglo XXI se disputará el reequilibrio de sexos y de género de la humanidad.

Antropología de la familia

En sociedades occidentales en las que el matrimonio va dejando de validarse como institución legal que marque un estatus de superioridad para las mujeres, continúa reinando en el imaginario colectivo la necesidad que se repite tiene estas de "un hombre que las represente"; aún sin concientizarse ni evocarse su origen, esa es idea proveniente de aquellos pretéritos tiempos de su decretada inmadurez legal.

En tanto ese reequilibrio social aunque sin alcanzar escala de convulsión y mutación va ventilándose fuera de estas páginas, retrocedemos a la observación de las mujeres romanas para constatar que estas no eran únicamente símbolos dignos de una agradable contemplación, sino valores en sí mismas.

Ellas podían conseguir el establecimiento de alianzas políticas y el logro de aliados prestigiosos. De ahí la vigilancia paranoica que sobre las romanas recayera, pues eran garantizadoras de la reproducción del dominio masculino[30].

El tema de la familia ha suscitado polémicas antropológicas y también políticas y sociales. En el siglo XIX, a través del evolucionismo biológico se trataba de emparentar los estados de las tribus bárbaras con los primeros estadios de la sociedad occidental, y las instituciones de estas eran tenidas por las evolucionadas.

A los pueblos en los que existían formas de familia estructuradas a semejanza de la occidental se les consideraba más evolucionados, y a los pueblos que tenían estructuras diferentes se les tenía por inferiores, atados en y atando a una noción etnicista y racista que con la excluyente percepción de que Occidente es el mundo o, en su lugar, el mundo más evolucionado y racional, impúdicamente universalizaba los elementos de la cultura occidental en menoscabo de las restantes.

Lo cierto es que, las formas familiares y las normas morales de las familias varían, puede que inmensamente, dependiendo de la cultura en la que nos situemos.

Por esto son identificados distintos tipos de familia, sin que esto necesariamente implique superioridad de unas e inferioridad de otras. Así tenemos, entre otras:

Familias inestables: Una persona a lo largo de su vida puede llegar a estar casada con todas las del sexo opuesto.

Familias domésticas: "la propiedad de la tierra y de la vivienda, así como la autoridad paterna y el liderazgo económico corresponderán al ascendiente vivo de mayor edad o a la comunidad de hermanos originada del mismo ascendiente".

Familia articulada o extendida: Familias formadas por el hermano mayor o los supervivientes, esposas, hijos casados e hijas solteras y así hasta los bisnietos.

Existen y han existido muchos otros modelos de familias, atendiendo a las necesidades y lógicas de cada cultura, y se suman otros de acuerdo a las necesidades de unos nuevos tiempos de contactos poblacionales, de liberaciones individuales y de menores influencias religiosas sobre las sociedades, que trastornan valores y normas de conductas.

Lo fundamental para el entendimiento de la historia de la humanidad, es que la familia, como se le conoció originalmente desde la imposición patriarcal y mantuvo estabilidad en su reproducción afianzada en las religiones, ha sido cimentada en la relación matrimonial entre hombre y mujer, incluso si en algunas culturas de un hombre con una multiplicidad de estas o viceversa.

Concebido desde la heterosexualidad y violentando, ilegitimando y atacando la realidad de la bi y de la homosexualidad como de la transexualidad, el matrimonio se instituyó en un arma de supervivencia, porque este no se reduce a ampliar las posibilidades de un par de individuos, sino de todos los que están alrededor.

El matrimonio une a grupos más amplios. Aun cuando el matrimonio puede ser el origen de la familia, son las familias las propiciadoras del matrimonio. Son las costumbres culturales asociadas a sexos que posibilitan el hecho de heredar ciertas características (por ejemplo, la tierra y la religión) motiva a algunos antropólogos a diferenciar entre la descendencia de unos frente a otros.

En nuestra civilización occidental, articulada todavía alrededor de tabúes milenarios y de preocupaciones sexuales y sexistas patológicamente acentuadas, el instinto sexual no dispone de su valor justo, restándole su halo misterioso, sagrado y deleitable, aduciéndole algún antivalor más bien maldito y por lo mismo heredero de una culpa que, pasados milenios, expiamos más por la picardía de lo que se supone trasgresor que por el peso de la culpa de lo considerado pecado o perversión.

La enorme confusión que reina en la materia, que confunde el erotismo con la pornografía y viceversa, tiene una incidencia profundamente marcada en el contexto social, étnico, político y económico.

La garantía de la supervivencia material como especie excluyó la realidad de la necesidad de la compensación emocional y más ampliamente psicológica, condenando el maridaje entre personas del mismo sexo, la bisexualidad y la transexualidad.

Los códigos de dominación patriarcal

La obsesión por establecer unos códigos y normas que contuvieran cuanto se relacione con lo sexual, ha sido uno de los dominantes de la violencia social en su más amplio diapasón, instituyéndose en métodos de control, de dominación y de agresión legalmente instituidos y socialmente sancionados, ofreciendo una muestra suprema de barbarismo.

La desnudez forzosamente oculta y, con mayor razón, el acto de amor sumergido en vacuas o viciadas generalidades, constituyen los elementos más netos de la prohibición. Por eso, en lo abstracto, el erotismo representa una de las más profundas liberaciones del macho, del *vir* severo de su naturaleza y despiadado sobre su comportamiento, donde la dignidad viril no puede ser sacrificada ni humillada.

El acto doméstico y domesticado, que se ejecuta a petición del dominio legítimo del principio masculino sobre el principio femenino, está simbolizado por la preeminencia de la viga maestra sobre el pilar vertical, horca abierta hacia el cielo[31].

Pero esta no es más que la visión masculina del asunto, negadora del erotismo femenino o, en todo caso, minimizadora de este, haciéndole depender de la libre incitación masculina.

Se obvia que las mayores represiones sexuales han recaído sobre la mujer, y que si su voluntad de emancipación social y de re-empoderamiento no siempre ha correspondido simétricamente con su emancipación erótica y sexual, en gran medida se debe a su propia reproducción de los tantos tabúes que en materia de erotismo y disfrute de su cuerpo les han sido milenariamente impuestos pasando a formar parte de la subjetividad de su grupo sexual.

Por eso la liberación del hombre por medio del erotismo debería corresponder, igualmente, a ambos sexos. La revancha parcial llegaría en el vigésimo siglo, con una burguesa revolución sexual en que las jóvenes féminas probaron a liberarse de las atávicas ataduras que simbolizan muchas hasta el presente con el sostén, esa prenda con la que se impuso como obligación que cubran y mantengan a determinada altura sus senos, la parte de su cuerpo de donde emana el alimento primero que consumen sus hijos e hijas, esa parte de su anatomía que en dependencia de sus formas y tamaño constituye un atractivo o motivo de reproche para ellas de parte del hombre.

Si la cintura es el límite simbólico entre las mujeres, lo que se supone diferencia entre lo puro y lo impuro, entre las imaginarias y condicionadas belleza de unas y la fealdad de otras, entre los hombres existe el vínculo entre el falo y el logos.

La representación del aducido carácter maléfico de la vagina se articuló con la necesidad del conocimiento dicotómico, de extremos. Así la vagina, como concavidad, fue interpretada como inversión en negativo del falo; de ahí, de su condición contraria aunque no inarmónica, nacería su atribuida malignidad.

Marie-Christine Pouchelle descubre en las oposiciones entre lo positivo y lo negativo, el derecho y el revés, el principio masculino como medida de todo[32].

Por ello en muchas culturas y religiones se condena la posición amorosa en la cual la mujer se monta sobre el hombre, invirtiendo la relación socialmente impuesta, aceptada y transmitida, pues el hombre queda debajo[33], y, se infiere que, sometido, atrapado en la y bajo la presunta malignidad femenina, espacio del cuerpo femenino por donde generalmente llega al mundo la descendencia de ambos, pero con el cual según algunas culturas el hombre debe tener el menor contacto emocional posible.

Algunos autores han sentenciado que la atribuida obscenidad del sexo femenino es la de cualquier cosa abierta: "es un llamado a ser, como por otra parte todos los agujeros.

Según esa lógica, que no contempla la posibilidad armoniosa de la heterosexualidad, del lesbianismo ni de la bisexualidad, la mujer inevitablemente apetece una carne extraña que debe llenarla plenamente por penetración y dilución.

Y, a la inversa, se presume que la mujer siente su condición como un llamado, precisamente porque ella está "agujereada" [...] Sin duda el sexo es una boca, boca voraz que engulle el pene –lo que puede conducir a la idea de castración: el acto amoroso es castración del hombre-, pero ante todo el sexo es un agujero[34]. La pregonada libertad e igualdad sexual de la mujer no siempre se corresponde con la realidad.

Las agendas de organizaciones de mujeres todavía reivindican la importancia del trabajo doméstico realizado por ellas y su rechazan su falta de valoración social. Son ellas quienes básicamente continúan cuidando de una planificación familiar que debería ser prioridad de la pareja aunque la relación no sea estable y aun siendo casual.

La personalidad falo-narcisista

La sociedad falo-céntrica se construyó y se reproduce mediante un formidable y combinado trabajo colectivo de socialización, que se demuestra en la dificultad psicológica, emocional y física que muestran muchas mujeres en las acciones públicas para librarse de los hombres, que se creen a sí mismos invariablemente obligados a la protección, aun cuando no estén siempre en condiciones de asumir ese desafío.

Incluso, las mujeres de posiciones más militantes feministas muchas veces traicionan su misión reivindicadora de la mujer, delatando su sumisión en acciones y discursos, como si ciertos rasgos fueran sólo intrínsecamente femeninos o no femeninos, quedando así atrapadas en manipulaciones de larga data.

Cuando el VIH-Sida amenazaba con extinguir gran parte de la población en muchas partes del mundo, también en ese considerado mundo desarrollado, tenía la mujer que lidiar con la necesidad de negociar la realización de sexo con protección.

Sus organizaciones propias prosiguen despertando animadversión o suspicacias en muchos hombres, y hay líderes políticos que no se las ridiculizan y vituperan públicamente, no por su desempeño político como activistas civiles sino, y no es increíble, por su natural condición de mujer.

Si la violencia simbólica hasta hoy gobierna al mundo, es que los juegos y rejuegos sociales, desde las luchas de honor de los Troyanos hasta las rivalidades por construir el arma atómica, el pro *patria mori*, están hechos por el deseo más íntimo y arraigado de triunfar sin importar los costos y, a veces, sin importar realmente otros beneficios que el triunfo en sí mismo.

La dicotomía masculina, en el sentido de *"vir"*, consiste en que su líbido se halla socialmente construido como *libido dominandi*, para dominar a los otros hombres y, secundariamente, al instrumento simbólico femenino, que da *per se* por sometido o fácilmente manipulable.

La entrada de las mujeres en la vida profesional prueba que la actividad doméstica no es socialmente reconocida como un verdadero trabajo. Las categorías económicas no admiten el valor social de esta actividad, ni de la reproducción biológica, que se hallan ubicadas en un terreno invisible, el de lo no tangible ni económicamente justamente apreciado valorado[35].

Los estereotipos sexistas

La producción necesita y reclama los aportes de hombres y mujeres por igual, aunque en el mundo de la producción material se establezcan y enseñoreen estereotipos sexistas y de género.

La participación femenina en el desempeño profesional muestra también las aptitudes y actitudes de estas, su vocación y su voluntad, su sentido de la responsabilidad y su afán de participación pública, a la par de sus necesidades de reconocimiento social

No se trata de excluir la existencia de una movilización política e intelectual contemporánea respecto a los derechos y necesidades de la mujer, pero se ha vuelto una norma acreditar a las fundadoras del movimiento feminista "descubrimientos" que forman parte de los conocimientos más decanos y de los que con mayor antigüedad han admitido las ciencias sociales.

Ejemplos tendríamos en mujeres como la faraona Hatshepsut, o como la poetisa Safo, o la científica Hypatia de Alejandría, o la novelista Margarita Pisan, etcétera, quienes consideraban que las diferencias sexuales establecidas para disminuirlas sólo eran diferencias sociales naturalizadas por la visión falo-narcisista del mundo.

En la historia, una y otra vez, mujeres talentosas, intelectuales, científicas, guerreras y los movimientos de rebeldía de sus iguales rompieron el pacto entre las estructuras incorporadas y las estructuras objetivadas. Podrían mencionarse a las amazonas, a la bíblica Lilit, de la Lisístrata de Aristófanes, entre tantas.

Con obstinación y sinuosidad, se consideran a las brujas como pobres víctimas de la ola de superstición que precede a la revolución industrial y al fin de la *cultura mágica*.

Lo que pudo ser cierto en determinados contextos generadores de esa visión maternalista o paternalistas, según sus expositores, en otros contextos representaría un movimiento contestatario al poder patriarcal, un movimiento femenino de resistencia activa que terminaría siendo aplastado por el estado parlamentario moderno, por el puritanismo y la contrarreforma.

Como antes se mencionara, las sangrientas victorias sobre las bacantes, las amazonas, el movimiento gnóstico, la invención de las diferencias como herejías y de la diferencia o la colocación en posiciones de resistencia o de ataque características de las brujas y la brutal represión contra estas, significaron una nueva afirmación y reafirmación de valores culturales que atendían a una racionalidad occidental, masculina, sexista, misógina y jerarquizadora.

Esas victorias nuevamente implicaron la imposición de tabúes sexuales que concedieran bases sólidas a la hegemonía masculina; en particular, representó el control de la ideología (religiosa o política), de los símbolos de la cultura y del hasta hoy considerado como instrumento reproductivo humano, es decir, la mujer y la conducta sexual.

Durante los siglos XIX y XX el "hombre racional" continuó oprimiendo, matando, explotando y humillando a sus semejantes y a sus hermanas en cada momento. La esclavitud económica de las razas "inferiores" continuó, justificada por nuevas doctrinas "científicas" como el darwinismo social del siglo diecinueve.

Es así que el capitalismo es la primera ideología moderna fundada primariamente en una base económica o material, y un importante paso en el movimiento de una sociedad dominadora a una participativa. Pero su énfasis en la acquisitividad individual, competitividad, su jerarquismo inherente, el capitalismo siguió siendo fundamentalmente androcrático. El capitalismo como lo conocemos descansa en la supremacía masculina.

Las siguientes grandes ideologías que emergieron fueron el socialismo y el comunismo. Pero el socialismo y el comunismo retuvieron los componentes androcráticos.

Parte del problema radica en la teoría comunista: el marxismo no abandonó la base androcrática de que el poder debe alcanzarse a través de la violencia, de que el fin justifica los medios.

El feminismo emergió a mediados del siglo XIX. Aunque muchos de los fundamentos filosóficos habían sido articulados antes por mujeres como Mary Wollstonecraft, Frances Wright, Ernestina Rose, George Sand, Sarah y Angelina Grimké, y Margaret Fuller, su nacimiento formal es 19 de julio de 1848, en Seneca Falls, Nueva York.

Aquí se celebró la primera convención por la lucha colectiva de la mujer contra la subordinación y la degradación, en la que Elizabeth Cady Stanton declaró que[36] "Entre los muchos problemas importantes que han sido expuestos públicamente, ninguno hay que afecte más vitalmente a la familia humana que lo que es llamado técnicamente Derechos de la Mujer".

En los inicios de la vigésima centuria también se inaugurarían con una ola de movimientos feministas que, en nuevas circunstancias, tendrían otras necesidades y demandas; para entonces abogaban primordialmente por el derecho al sufragio, y desembocarían en el radicalismo de la década del sesenta, con la acelerada transformación de las culturas y, ya se mencionó, con la emancipación del comportamiento sexual de la edad victoriana.

De los líderes políticos del siglo XX, Mohandas Gandhi transciende y subvierte los sistemas de valores patriarcales.

La dominación masculina rígida ha marcado a algunos de los regímenes más violentos y represivos. Este fue el caso de la Alemania de Hitler, la España de Franco, la Italia de Benito Mussolini, Idi Amín en Uganda, Zia-ul-Haq en Pakistán, Rafaél Leónidas Trujillo en República Dominicana, Nicolas Ceausescu en Rumania, el ayatola Jomeini en Irán, etcétera. Tanto los regímenes totalitarios tradicionales como los modernos requieren el estudio constante de escrituras sagradas o sancionadas oficialmente –sea la Biblia o el Corán, *Mein Kampf* o las *Citas del Presidente Mao*. Estas proveen todas las respuestas: la "verdad" final.

Sea derechista o izquierdista, cristiana o musulmana, la solución totalitaria es nada más ni menos que una actualización de la solución androcrática. Sus premisas básicas son el desprecio por lo pacífico, el enfoque y la convicción de que la obediencia a las órdenes, sean divinas o temporales, es la virtud máxima y un credo que divide a la humanidad en grupos.

El reto femenino

Para nuestra cultura occidental ya resulta perceptible que la conducta sexual, el comportamiento de igualdad-diversidad entre el hombre y la mujer, y entre las diversas maneras de asumirnos como hombres y mujeres, manifiesta un factor de tensión social, de modo similar a sus reflejos en toda la tragedia griega.

Si el reto femenino que se plantea en algunas naciones del planeta llega a controlar las estructuras patriarcales, la mujer nuevamente recuperará el control de su psiquis, de sus emociones y de su cuerpo, restaurándolo sobre su aparato reproductor femenino.

Habría un retorno a la madre primitiva, en sustancia, al equilibrio, que no niega las crisis ni las situaciones de conflictividad. Si llegara la parte femenina de la humanidad a establecerse, minando desde adentro, a controlar las estructuras patriarcales, ese día las mujeres girarían contra el mundo masculinizado.

Pero no como una respuesta de regresión; contra este mundo la mujer, "bruja", en cuanto dominada, reclama en su lucha el reconocimiento a la existencia de dos personalidades, de dos deseos, de dos órganos, de dos construcciones disímiles, o, de más.

No, la mujer reclama la emergencia de otro orden para la sociedad y este, con una nueva perspectiva epistemológica, está en ciernes, y las mujeres pugnan por su avance. En la sociedad de la comunicación el cuerpo, primero asignado al trabajo, evoluciona hacia un cuerpo erótico, dionisiaco, que no es únicamente un organismo de faena. En ese escenario se presencia una economía sexual muy relativizada, que no se contenta con el elemento de unicidad del matrimonio y la familia mononuclear.

Cunden las preocupaciones, los temores y se desata una multiplicidad de discursos discrepantes y hostiles o incondicionales ante las rivalidades con lo históricamente impuesto y ya por tantos considerados lo "moralmente" correcto y de estricto cumplimiento, pues se observa una multiplicación de relaciones desafiantes del añejo orden que se han reseñado con el calificativo de "sexo vagabundo".

El mismo comprende una gama de manifestaciones de la sexualidad y formas de vida en las cuales se practica una afectividad diversificada, en donde la vida social no se funda únicamente sobre la razón masculina y misógina extendida a toda la sociedad, sino en aquellos elementos no lógicos, no racionales de los que hablaba Wilfredo Pareto, cuya carencia de lógica y racionalidad responden al prisma de cierta visión occidental.

La inseminación artificial realiza –o, puede realizar- la separación entre el sexo compartido, complementario de hombre y mujer, y la procreación, entre la yuxtaposición de los cuerpos y la conjunción de los gametos. La biología nos advierte que estamos muy próximos a la ecto-génesis o "embarazo en frasco", que será completado por la acción de la "heredina" (ADN) que modifica los caracteres hereditarios.

La ciencia ha violentado la lógica de la procreación como la habíamos conocido, explicitando una realidad que cada vez se va ampliando en las naciones de mayor adelanto tecnológico y mayores cuidados médicos, es decir, que la mujer no necesita pareja para concebir su descendencia sino la asistencia de la ciencia, y, al paso, hace tambalear los cimientos o partes esenciales de muchas religiones imponiendo sus verdades sobre estas.

Ahora la cristiana "madre amantísima" no precisa de "ángeles" anunciadores de su estado de gravidez ni de "espíritu santo" que se lo produzca, sino de los recursos de una clínica especializada en reproducción asistida y, por supuesto, de una economía personal que se lo permita.

A parámetros como lo onírico, lo afectivo, lo lúdico, lo mitológico, todo lo que se relaciona con la "pasión", no puede negársele la dignidad del análisis, como hacen los autores clásicos.

Prácticas como la parasicología, la videncia, la posesión y el trance espiritual, la medicina natural, la unicidad entre naturaleza-humanidad, el pensamiento creativo como antípoda al racionalismo, por los cuales se ha anatematizado a Circe y a Medea, y perecieron en las hogueras millones de "brujas" y pensadores audaces, hoy en día comienzan a ser readmitidos por la imposición cada vez más amplia y consensuada de una verdad vieja y difícilmente refutable: los saberes son complementarios y sus fuentes de origen no son únicas sino diversas, pues nuestra naturaleza nos dispuso para la pluralidad aunque hayamos aprendido a temerla.

En vez de requerir individuos que encajen en las jerarquías piramidales, estas instituciones serán heterárquicas, permitiendo tanto diversidad como flexibilidad en la toma de decisiones y la acción. Como consecuencia, los papeles de tanto mujeres como hombres serán mucho menos rígidos, permitiendo a la especie humana completa un máximo de flexibilidad en su desarrollo. Muchas de nuestras nuevas instituciones serán más globales, trascendiendo las fronteras nacionales.

En ese cuadro de abigarradas y radicales transformaciones sociales que, pasadas algunas décadas, harán época, la liberación de la mujer tiene por condición y reto reconocer los mecanismos sociales de dominación que impiden concebir la cultura, es decir, el ascenso y dominación en y por los cuales se instituye la humanidad, salvo como una relación social de distinción afirmada contra una naturaleza que no es otra cosa que el destino naturalizado de los grupos dominados.

Ese reconocimiento implica para ella el desafío de impulsar el vuelco de la cultura dominadora hacia la cultura integradora de lo más positivo de los valores humanos; del altruismo a la vivencia conciliadora y reconciliadora con el ecosistema, que necesariamente incluye al humano sin distingos de sexos ni de géneros, de razas ni de culturas, de proyecciones políticas ni de racionalidades, de empeños económicos ni de posicionamientos políticos o sociales.

La población ancestral

A fines de la década setenta de la pasada centuria los bioquímicos concentraron sus estudios en las moléculas ADN, localizadas en las estructuras llamadas mitocondrias que se encuentran fuera del núcleo celular. Las mitocondrias son la maquinaria celular que metabolizan la comida y el agua en energía, y sólo se heredan por vía materna.

Al acumular el mayor número de mutuantes simples ya que sus mitocondrias-ADN son las más antiguas, se pudo trazar el árbol ancestral africano que se mostró sin mezcla extra-continental.

Los bioquímicos pudieron describir la genealogía evolutiva hasta Lucy, el homínido femenino hallado en África oriental con una datación de 200,000 años. Esta Eva creadora de la cual descendemos al parecer los actuales humanos, era una pequeña mujer de piel y pelo negro que, junto a una insignificante banda de cazadores y recolectores, desandaba por los prados africanos.

Se calculó que la segunda escisión que separó al Homo Sapiens que permaneció en África de los que emigraron hacia otras latitudes, acaeció después de Lucy, en el lapso de tiempo que concurrió entre 180,000 y 90,000 años.

Estos estudios recientes favorecen el punto de vista de que nuestra especie, y otras, tendrían origen en una pequeña población ancestral. Sin embargo, una investigación sobre la evolución de los genes que controlan la capacidad del sistema inmunológico para reconocer proteínas foráneas ha demostrado lo contrario.

Cada cuerpo dispone de una miríada de marcadores moleculares en la superficie de las células MHC[37] que lo diferencian de los individuos de su misma especie. Este grupo de moléculas humanas MHC se relacionan con los leucocitos[38] antígenos y contienen más de 100 genes ocupando una región cromosomal con más de 4 millones de pares.

El hecho de que una piel foránea es rechazada cuando se intenta el trasplante se debe a que como individuos diferimos en el MHC. Si fuese cierto que las nuevas especies emergen de un pequeño número de individuos fundadores, o en caso extremo de una hembra en exclusiva, la única forma de explicar el polimorfismo sería concluir que este antecede a la especie.

La genealogía de dos genes neutrales extraídos de diferentes individuos de una población, puede rastrearse teóricamente hacia atrás hasta que coincidan con un gene ancestral. El número de genes necesarios para trazar este gen coalescente es igual al doble del tamaño de la población existente, y si la edad de la población humana es de 500,000 años, el polimorfismo de la especie humana tiene que haberse generado entonces.

La complicación estriba en que el rastreo genético ha demostrado que los genes seleccionados tienen que haberse separado mucho antes de que los ancestros de las especies del chimpancé y del humano lo hicieran.

La hembra común

Las pruebas guían hasta el factor inverosímil de que los genes humanos tendrían que haberse separado antes de la ramificación de los pro-símios y los primates antropoides, es decir, en una fecha anterior a los 65 millones de años.

La antigüedad de ese linaje contradice la teoría que remata con que la aparición humana data de apenas 500,000 años. En realidad, desconocemos con exactitud el tamaño de la población homínida en el pasado y cuándo emergió la especie humana; algunos, como el estudioso Pepe Rodríguez, la fechan entre 1,8 y 1,4 millones de años[39].

El polimorfismo que hoy día protege a los humanos de los parásitos es una herencia transmitida a través de innumerables generaciones por el período de 65 millones de años.

El ADN mitocondrial (MT/ADN), que sugiere que los humanos modernos se han originado de una hembra común, ubicada en el tiempo hace 200,000 años, en África del Sur, no explica cómo grupos supuestamente derivativos de ese punto original crearon la primera gran explosión de imágenes y símbolos hace 175,000 años en Europa y Siberia durante la Edad de Hielo.

Pero ello tampoco explica o describe las capacidades humanas del Neandertal en Eurasia, que se había adaptado a la crudeza glacial y desplegaba actividades creativas antes de entrar en contacto con los homínidos originados por el MT/ADN de hace 200,000 años.

El fósil femenino de Swanscombe tiene más de 100,000 años, y resembla más al humano moderno que al Neandertal: ¿quién era ese humano de Swanscombe? Hay trazas incompletas de un distante Homo Sapiens en China[40] que se remonta a 263,000 años y de otros en las localidades chinas de Dingeun, Tonzhi y Maba, que habría vivido entre 200,000 y 100,000 años en la distancia.

Estos son elementos que, por separado o en confluencias, contribuirían a favorecer nuestras inferencias e interpretaciones sobre lo que aconteció con nuestros antepasados. Hicieron uso extenso de la piedra, del hueso y supuestamente de la madera, la cual por su carácter perecedero no ha llegado a nuestros días.

Estas culturas todo lo registrarían en notaciones para fijar un marco de tiempo y espacio que les ayudara a conformar su hábitat y permitiera su sobrevivencia; es ahí en donde encontramos las auténticas raíces de las ciencias y de la escritura.

Cada nueva generación habría tenido que reinventar lo mismo, habiendo quedado condenados los humanos a un muy lento y *cuasi* tortuoso andar civilizador. A diferencia de las más constantes culturas del paleolítico inferior, las culturas creadas por el Cromañón en el paleolítico superior eran diversas. Fue ese un período de intensa adaptación, de cambios y de avances en el dominio de la naturaleza.

Ahí se insertaron los antes mencionados mensajes simbólicos de inspiración mágica, llamando la atención sobre la figura de mujeres que ejercían un poder religioso, de fetichería, y representando los ritos de fecundidad; recordemos: las famosas venus auriñacienses.

Respecto a la sistematización de la organización por la vía contable y medible tenemos que las primeras muestras de tablas matemáticas aparecieron en el período dinástico egipcio, aunque puede rastrearse un sistema numeral más inmaduro en los tiempos predinásticos. El sistema numeral egipcio fue base y prerrequisito para los logros científicos griegos y en gran medida para parte del desarrollo en las ciencias subsiguientes.

NOTAS

Introducción
1 Historia, ¿Para qué? Carlos Pereyra. Siglo XXI editores, s.a. México, D. F. 2005.
2 Historia, México, D. F. 2005
3 Historia, México, D. F. 2005
4 Sigmund Freud. Tótem y Tabú. Algunos aspectos comunes entre la vida mental del hombre primitivo y los neuróticos. 1912- 1913. Librodot.com.
5 El devenir.
6 Sigmund Freud. Tótem y Tabú. Algunos aspectos comunes entre la vida mental del hombre primitivo y los neuróticos. 1912- 1913. Librodot.com.
7 La Arché.
8 Sigmund Freud. 1912- 1913. Librodot.com.
9 Anaximandro y la culpa.

Lucy y las Venus Paleolíticas
1 Ciudad-Estado al oriente de Sumer.
2 Merlin Stone. *When God was a Woman*. New York: Harcourt Brace Jovanovich, 1976. p.82.
3 George Orwell. *1984*. Research & Educatin Association, June 12, 1995.
4 El Viejo Testamento.
5 Semónides de Amorgos. *Yambo de las mujeres*. Sitio Scribd.
6 Richard Dawkins. *El gen egoísta. Las bases biológicas de nuestra conducta*. 1993 Salvat Editores, S.A., Barcelona. 1993.
7 Dawkins. 1993, Barcelona, p. 143
8 Idem.
9 Idem.
10 Levis Henry Morgan. *Ancient Society* (1877). Reimpreso. University of Arizona Press.
11 Johann Jakob Bachofen. Myth, Religion, and Mother Right. Translator Ralph Manheim. Princeton University Press, 1992.
12 Friedrich Engels. *El Origen de la Familia, de la Propiedad Privada y del Estado*. Biblioteca de Autores Socialistas.
13 Marshack, Alexander. The Roots of Civilization. Civilization: the Cognitive Beginning of Man's First Art, Symbol and Notation.Moyer Bell Limited; New York, 1991, p 75.
14 Rowley–Conwy, Peter. (2006) "The Concept of Prehistory and the Invention of the Terms `Prehistoric' and `Prehistorian': the Scandinavian Origin, 1833—1850", European Journal of Archaeology 9:1 pp. 103–130.
15 Marshack; New York, 1991, pp 66-67

16 Citar a Henri Breuil. (1935). *La Cueva de Altamira en Santillana del Mar*. Tipografía de Archivos, Madrid.
17 Emile Cartailhac' (1902). La grotte d'Altamira, Espagne. Mea culpa d'un sceptique. *L'Anthropologie* (en francés). tome 13: 348–354.González Morales, Manuel R.; Moro Abadía, Óscar (2002).
18 Marshack; ob. cit. pp. 110-111.
19 Dordogne.

La Cultura del Hielo
1 Marshack; ob. cit. p 75.
2 Time. February 13, 1995, p 64.
3 Ariège.
4 Tarn-et-Garonne.
5 En Dordogne, Francia.
6 Citado por Marshack; ob. cit. p 196.
7 En la región de Dordogne.
8 En Les Eyzies.
9 Ashe, Geoffrey. *Dawn behind the Dawn*. New York, 1992; p. 13.
10 Rodríguez, Pepe. *Dios nació mujer. La invención del concepto de Dios y la sumisión de la mujer: dos historia paralelas*. 2002. Ediciones B., S.A. Madrid, España. Pág. 258. P. 1.
11 El checo Karel Absolon.
12 Del 25,000 al 2,000 ane.
13 También en la región de la Dordogne.
14 Marshack; ob. cit. p 335-336.
15 Citado por Marshack; ob. cit. pp 336-339.
16 Del 35,000 al 9,000 a. C.
17 Ashe, Geoffrey. Dawn behind the Dawn. A search for the early Paradise. New York, Geoffrey Ashe Publishers, 1992; p. 13.
18 Marshack; ob. cit. p 335–336.

De Diosa Madre a concubina
1 Extendida desde 40,000 a 12,000 años ane.
2 Benemelis, Juan F. *Clio*. S/p.
3 Caricaturizado como Trucutú en los dibujos cómicos.
4 James M., Olga Soffer, and Jake Page. The Invisible Sex. NYC NY: Smithsonian Press/Collins, 2007.
5 Linda R. Owen. "Analogy and Context: A Re-Construction of the Missing Link." *Ethno-Analogy and the Reconstruction of Prehistoric Artefact Use and Production*. Martin Porr (eds), 1999, 13-26.
6 Idem.

7 Andre Leroi-Gourham. Prehistoria del arte occidental. Editorial Gustavi Gili, Barcelona, 1968.

8 Friedrich Creuzer. *Simbólica y mitología de los pueblos antiguos*. Roma, Editori Riuniti, 2004,

9 Bachofen. Princeton University Press, 1992.

10 Morgan. Transaction Pub. 1877. Reprint.

11 Fergunson McLennan. *Primitive Marriage* (1867). *Encyclopaedia Britannica*

12 Jules Michelet. *La Bruja*. Akal, 2004.

13 John Stuart Mill. *La esclavitud femenina* . (1869), traducción y prólogo de Emilia Pardo Bazán, Artemisa, Madrid 2008.

14 August Bebel. *La Mujer y el Socialismo*. Akal, 1977.

15 Hadingham, Evan. *Early Man and the Cosmos*. Norman and London: University of Oklahoma Press. 1984, p. 88.

16 Bachofen. Princeton University Press, 1992.

17 Marshack; ob. cit. p. 342.

18 Gimbutas, Marija. *The Early Civilization of Europe*.(Monograph for Indo-European Studies 131, University of California at Los Angeles, 1980), chap. 2, 32-33.

19 Mellaart, James. *Cult of the Mother Goddess*. London, Thames & Hudson. 1959. pp., 70-71.

20 Eisler, Riane; *The Chalice and The Blade: Our History, Our Future* (Harper Collins San Francisco, 1987., pp. 71-72.

21 Galli, Giorgio. Mariangela Mazzocchi Doglio. *Tempo e cultura nella rappresentazione dell'Occidente,* in "Ikon", luglio-diciembre 1972. pág. 5.

De Nómada a sedentaria

1 Llamadas dzuli.

2 Egipto, Fenicia, Frigia y Grecia.

3 Citar Bachofen.

4 El cielo y el mar.

5 8,500 ane.

6 Insectos, tortugas, lagartos, pájaros, huevos y peces.

7 Vacas, puercos, chivos, aves, etcétera

8 Borneman, Ernest. *Le patriarcat,* Presses Universitaires de France. Parigi, 1979.

9 Y, por extensión sus alrededores.

10 Hace alrededor de 13,000 años.

11 La cultura Natufiense: 8,500 a. C.

12 Hace 9,500 años.

13 En el 4,000 a. C.

14 El anillo de los nibelungos. De Kenneth y Valerie McLeish, Enciclopedia Planeta, 1996.

15 Pierre Saintyves. De cultura matriarcal. Madrid, Akal. 1985.
16 Isidora Forrest. Isis Magic. Llewellyn Publications, US 2001.
17 Rivers, William Halse. The Tora. MacMillan, London, 1906, p. 515.
18 Ver Marshack; ob. cit. cap. III.
19 Roux, Georges. La Mésopotamie. Essai d'histoire politique, économique et culturelle. Editions du Seuil, 1985.
20 Del Egeo al Adriático.
21 Tell-Es-Sawwan.
22 D'eaubonne, Francoise. *Le donne prima del patriarcato*. Roma 1976. pp. 209-210.
23 Posible origen de los futuros "bosques sagrados" aún presentes en religiones autóctonas africanas.
24 Dimini, Cucuteni, Petresti, Lengyel, Butmir, Bukk.
25 Galli, Giorgio. Mariangela Mazzocchi Doglio. Tempo e cultura nella rappresentazione dell'Occidente, in "Ikon", luglio-diciembre 1972. pag. 5.

La victoria patriarcal

1 Astrónomos, agrónomos, técnicos hidráulicos, artesanos, artistas.
2 Borneman, Ernest. *Le patriarcat*, Parigi, 1979.
3 D'eaubonne, Françoise. Le donne prima del patriarcato. Roma 1976. pp. 209-210.
4 Daniélou, Alain. Shiva and Dionysos. trans. K.F. Hurry. East-West Publications. London, 1982. pp. 20-34.
5 Erich Neumann. The Great Mother. An Analysis of the Archetype Erich Neumann Translated by Ralph Manheim. Paperback | 1972
6 Del 4,300 ane, al 2,800 ane.
7 Herodoto. *Los nueve libros de la historia*. Trad, Bartolome Pou, s.j. Version para eBook; Vol-1; p. 121.
8 Esquilo. Tragedias. Gredos, 202; p 154.
9 Esquilo; ob. cit. p. 170.
10 Marshack. New York: McGraw-Hill. 1972, p 196.
11 Mateo 26:41.
12 Rivers, MacMillan, London, 1906, p. 515.
13 Deuteronomio 20: 13-14.
14 Herodoto. Historia. 4, 79-80.
15 Idem.
16 Raya Dunayevskaya. *Women's Liberation and the Dialectics of Revolution*. Wayne State University Press, Detroit, Michigan, 1985.
17 Consultar Herodoto.
18 Armaduras, escudos, espadas, lanzas, cuchillos, carros de combate, flechas, etcétera.

19 Marshack. McGraw–Hill. 1972, p 196.
20 Eisler, Riane. The Chalice & The Blade; ob. cit. p. 85. Consultar Mary Daly. Gyn/Ecology: The Metaethics of Radical Feminism. Boston: Beacon Press, 1978.
21 George, Andrew [1999], The Epic of Gilgamesh: the Babylonian Epic Poem and Other Texts in Akkadian and Sumerian, Harmondsworth: Allen Lane The Penguin Press, 1999 (published in Penguin Classics 2000, reprinted with minor revisions, 2003.
22 Aunque no muy numerosos al principio.

La mente andro-crática

1 Publio Ovidio Nason. *El arte de amar: la erótica romana.* Ediciones Ibéricas. Madrid, 1965.
2 En realidad, pautas de conducta.
3 Duby (1992), Iriarte (1990), Mosse (1990) o Zeitlin (1990.
4 Marie-Christine Pouchelle en Corps et chirurgie á l'apogée du Moyen-Age, Flammarion, París, 1983.
5 O'Brien, Mary. The politics of reproduction. Routledge and Kegan Paul, Londres, 1981.
6 Irigaray, L. Speculum, De l'autre femme. Minuit, París, 1977.
7 Santidrián, Pedro R. Diccionario Básico de las Religiones. 1996. Editorial Verbo Divino. Navarra, España. Pág. 133-134.
8 Vidal Manzanares, César. Diccionario de las Tres Religiones Monoteístas: Judaísmo, Cristianismo e Islam. 1993. Alianza Editorial. Madrid, España. Págs. 112-114.
9 Ruether, Rosemary Radford, 1986, La crítica feminista en el estudio de la religión. En Langland y Gove (comps), La actuación femenina en él mundo académico, Buenos Aires, Fraterna. 81.
10 Christ, Carol, 1987, Toward a paradigm shift in the Academy and in Religious Studies. En C. Farnham (comp), The impact of feminism research in the Academy, Bloomington, Indiana University Press. 62).
11 Santidrián, Pedro R. Diccionario Básico de las Religiones. 1996. Editorial Verbo Divino. Navarra, España. Pág. 136.
12 Pringle, Rosemary. Secretaries talk, sexuality, power and work. Allen and Unwin, Londres/Nueva York, 1988; en especial las pp.84-103.
13 Bourdieu, P. Le sens pratique, Minuit, París, 1980. p.128, pp.441-461.
14 Héritier-Augé, F. Le sang du guerrier et le sang des femmes. Notes anthropologiques sur le rapport des sexes", Cahiers du Grif, Tierce, París, invierno 1984-85, p.7-21.
15 Héritier-Augé, op cit.
16 Ídem.
17 Rodríguez, Pepe. Dios nació mujer. La invención del concepto de Dios y la sumisión de la mujer: dos historia paralelas. 2002. Suma de Letras, S.L. España;

Kay Martin, M. y Bárbara Voorhies. La mujer: un enfoque antropológico. 1978. Anagrama. España.

18 Bourdieu, Pierre. Le sens pratique, Actes de la recherche en sciences sociales, núm. 81-82, marzo de 1990, p.358.

19 Bourdieu, P. Un contrat sous contrainte., pp.34-51

20 Van Stolk, A. y C. Wouters. "Power changes and self-respect: a comparison of two cases of established-outsiders relations", en Theory, culture and society; núm.4, 1987, pp.477-488.

21 Idem.

22 Bourdieu, P. Les rites d'institution; en Ce que parler veut dire, Fayard, París, 1982, pp.121-134.

23 Speziale-Bagliacca, Roberto. Sulle spalle di Freud, psicoanalysis e ideologia fallica, Astrolabio, Roma, 1982, pp.43 y ss.

24 Speziale-Bagliacca, Roma, 1982, pp.43 y ss) [...]

25 Freud, Sigmund. "Algunas consecuencias psíquicas de la diferencia anatómica entre los sexos", en La vie sexuelle, PUF, París, 1977, pp.126 y 131.

26 Bourdieu, P. Le sens pratique, op cit., pp.426 y ss.

27 Scott, J. W. L'ouvriére, mot impie, sordide. Le discours de l'économie politique française sur les ouvriéres (1840-1860), en Actes de la recherche en sciences sociales, núm.83, junio de 1990, pp.2-15, en especial p.12.

28 Kant, Emanuel. Antropología.

29 Scott, núm.83, junio de 1990, pp.2-15 (en especial p.12

30 Thomas, Janet. "Women and capitalism: oppression or emancipation? A review article", en Comparative studies in society and history, núm.30, 1988, pp.534-549.

31 Mito recopilado en 1988 por Tassadit Yacine, Pierre Bourdieu. La dominación masculina. http://www.udg.mx/laventana/libr3/bordieu.html#cola

32 Pouchelle, Marie-Christine. Corps et chirurgie á l'apogée du Moyen-Age, Flammarion, París, 1983.

33 Según Charles Malamoud.

34 Sartre, Jean Paul. L'etre et le néant. Gallimard, París, 1943, p.706.

35 Scott, núm.83, junio de 1990, pp.2-15 en especial p.12.

36 Jean Baker. Sisters: The Lives of America's Suffagists. Nueva York: Hill and Wang, 2005.

37 Moléculas Histio-Compatibles o MHC.

38 Glóbulos blancos de la sangre y de la linfa, que asegura la defensa contra los microbios.

39 Rodríguez, Pepe. Dios nació mujer. La invención del concepto de Dios y la sumisión de la mujer: dos historias paralelas. 2002. Ediciones B., S.A. Madrid, España. Pág. 55. P. último.

40 En la zona de Jinniushan.

www.ingramcontent.com/pod-product-compliance
Lightning Source LLC
Chambersburg PA
CBHW070849290526
45795CB00001B/48